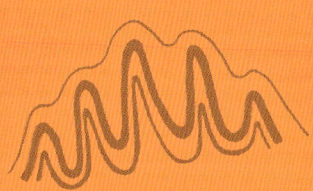

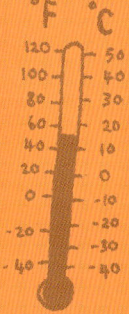

초등학생을 위한 지식습관 ①

# 지구 30
EARTH

글 애니타 개너리 | 그림 멜빈 에반스 | 옮김 정창훈 | 감수 이정모

# 차례

놀라운 지구  6

## 우주 속 지구  8
- 1  우주 속 위치  12
- 2  빙글빙글 지구  14
- 3  계절의 변화  16

## 지구의 구조  18
- 4  지각에서 핵까지  22
- 5  대륙 이동  24
- 6  암석과 광물  26
- 7  화산  28
- 8  지진  30
- 9  산  32

## 날씨와 기후  34
- 10  지구의 대기권  38
- 11  물의 순환  40
- 12  천둥과 번개  42
- 13  태풍  44
- 14  토네이도  46
- 15  기후대  48

## 물의 행성, 지구 50
- **16** 대양과 바다 54
- **17** 해저 56
- **18** 해안 58
- **19** 강 60
- **20** 호수 62
- **21** 빙하 64

## 경이로운 생태계 66
- **22** 사막 70
- **23** 열대 우림 72
- **24** 극지방 74
- **25** 섬 76
- **26** 산호초 78

## 지구의 미래 80
- **27** 기후 변화 84
- **28** 쓰레기 전쟁 86
- **29** 사라지는 서식지 88
- **30** 지구를 구하자! 90

## 지식 플러스
지구상에서 최고 92

# 놀라운 지구

지구는 드넓은 우주의 작은 점에 지나지 않습니다. 하지만 우리가 알고 있는 범위 내에서는 유일하게 생명이 살고 있는 경이로운 행성입니다. 지구의 나이는 우리가 상상조차 할 수 없을 정도로 오래되었습니다. 46억 년이 넘었거든요. 그뿐 아니라 지구는 어마어마하게 커서 지구 표면의 한 곳에서 지구 반대쪽 표면의 다른 곳까지 구멍을 파는 데 24년이나 걸립니다.

또한 지구는 생김새가 서로 다른 수많은 생물의 고향이기도 합니다. 그중에는 현미경으로만 볼 수 있는 아주 작은 것도 있습니다.

이 책은 '우리 행성인 지구가 우주 가운데 어디쯤에 있을까?', '우리 행성인 지구의 미래를 지키는 일은 왜 중요할까?'처럼 지구에 관한 흥미로운 내용을 소개합니다.

얼음에 덮인 극지방과 메마른 사막, 하늘을 찌를 듯 솟아 있는 산, 깊고 깊은 해저의 모습을 알아봅니다. 또한 쉼 없이 일어나는 날씨의 변화와 화산 분출처럼 놀라운 지구의 자연 현상을 엿봅니다.

이 책은 지구에 관한 기본 지식들을 한눈에 읽고 빠르게 이해할 수 있도록 구성하였습니다. 낮과 밤은 왜 생기는지, 산은 어떻게 만들어지는지 설명합니다.
지구에 관한 지식을 이해하기 위해서 따라 할 수 있는 간단한 실험들도 꼭 해 보기를 바랍니다.

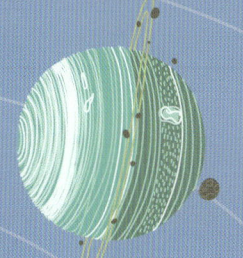

# 우주 속 지구

우주는 수천억 개의 은하로 이루어져 있고, 하나의 은하도 수천억 개의 별들로 이루어져 있습니다. 우리 은하에도 수많은 별이 있습니다. 그중 하나가 태양입니다.

태양의 둘레는 8개의 행성이 돌고 있습니다. 우리가 살고 있는 지구는 태양에서 세 번째로 멀리 떨어진 행성입니다. 지구가 태양계 어디쯤에 있고, 지구의 움직임에 따라 어떻게 낮과 밤, 그리고 계절이 바뀌는지를 같이 알아볼까요?

# 우주 속 지구
## 읽기 전에 알아두기

**궤도** 우주 공간에서 행성 같은 천체들이 다른 천체의 둘레를 돌면서 그리는 곡선 경로. 행성은 별 둘레의 궤도를 따라 돌고, 달은 행성 둘레의 궤도를 따라 돌고 있다.

**극** 지구 자전축이 지표와 만나는 양 끝. 이 두 개의 점을 북극과 남극이라고 한다.

**남반구** 적도 남쪽의 지구 절반.

**북반구** 적도 북쪽의 지구 절반.

**우리은하** 별과 행성 같은 여러 천체들이 모여 이루어진 은하 중에서 태양과 지구를 품은 은하.

**우주** 행성, 별, 은하 등 공간이 품은 모든 것.

**은하** 별과 행성 같은 여러 천체가 모여 이루어진 수많은 천체의 무리.

**자전축** 지구 중심을 지나는 가상의 선. 지구는 자전축을 중심으로 팽이처럼 돈다.

**적도** 지구 둘레를 따라 그은 가상의 선. 북극과 남극으로부터 같은 거리에 있다.

**태양계** 태양과 그 둘레를 도는 행성 등을 포함한 모든 천체.

**행성** 태양 같은 별의 궤도를 돌면서 별로부터 온 빛을 반사하여 빛나는 커다란 공 모양의 천체. 지구도 행성이다.

## 한눈에 보는 지식
# 1 우주 속 위치

지구는 태양의 둘레를 도는 8개의 행성 중 하나입니다. 태양과 지구는 수성, 금성, 화성, 목성, 토성, 천왕성, 해왕성과 함께 태양계를 이룹니다. 태양계는 드넓은 우주의 한 부분에 지나지 않습니다. 우주는 상상하기 힘들 정도로 크답니다!

지구를 포함한 다른 행성들은 궤도라고 하는 타원형의 길을 따라 태양 둘레를 돕니다. 태양과 지구 사이의 평균 거리는 1억 4,959만 7,871km 입니다. 지구가 태양 둘레를 한 바퀴 도는 데 약 365일이 걸립니다.

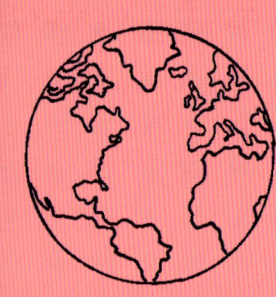

과학자들은 태양계가 약 46억 년 전에 거대한 기체와 먼지 구름 속에서 만들어졌다고 믿습니다. 물론 지구도 그때 만들어졌습니다. 지금까지 우리가 알고 있는 한, 우주에서 생명체가 사는 곳은 지구뿐입니다. 하지만 우리가 알지 못하는 우주 어딘가에는 생명체가 사는 곳이 있을 수도 있겠지요.

### 한줄요약
지구는 태양 둘레를 도는 8개의 행성 중 하나입니다.

### 태양과 행성의 크기 비교

**준비물** 커다란 종이(1.5m ×1.5m), 끈(55cm 이상), 연필 2자루, 가위, 자, 크고 작은 둥근 스티커, 동전, 둥근 딱지, 병뚜껑, 종이 여러 장

**실험 방법**
① 가운데 끈의 길이가 50cm가 되게 유지하면서 끈의 양쪽에 연필을 묶습니다.
② 끈으로 묶은 연필 한 자루를 친구에게 준 다음, 커다란 종이 한가운데 놓고 움직이지 못하게 합니다.
③ 또 다른 연필 한 자루로 끈을 팽팽하게 당기며 원 모양의 태양을 그립니다.
④ 각 행성의 지름과 비슷한 크기의 스티커나 둥근 물체를 고릅니다.

**각각의 지름**
태양: 100cm   지구: 1cm    토성: 9.4cm
수성: 0.4cm   화성: 0.5cm   천왕성: 4cm
금성: 0.9cm   목성: 11cm    해왕성: 3.9cm

지구는 태양의 둘레를 도는
8개의 행성 중 하나로,
태양에서 세 번째로 가깝다.

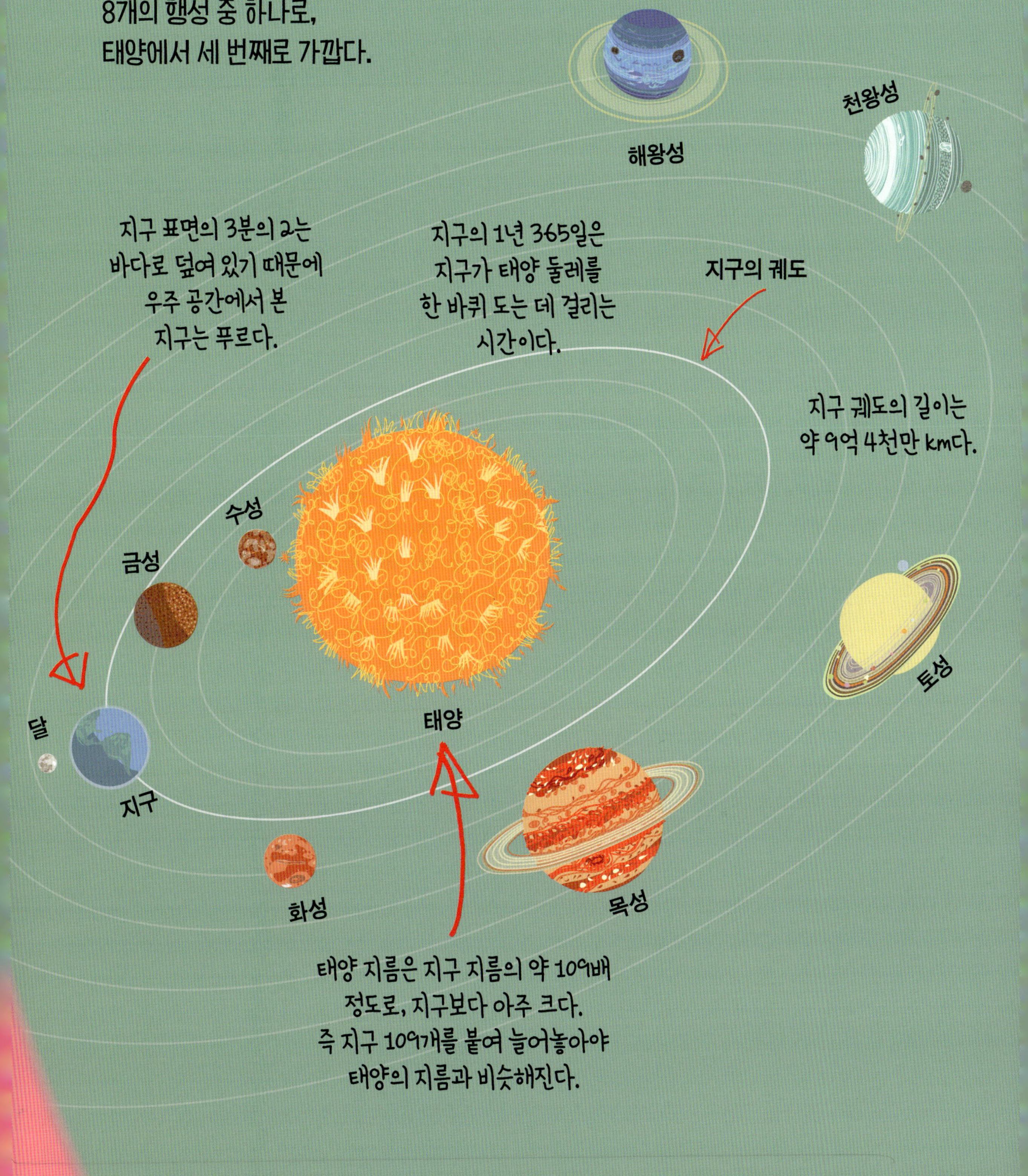

해왕성

천왕성

지구 표면의 3분의 2는
바다로 덮여 있기 때문에
우주 공간에서 본
지구는 푸르다.

지구의 1년 365일은
지구가 태양 둘레를
한 바퀴 도는 데 걸리는
시간이다.

지구의 궤도

지구 궤도의 길이는
약 9억 4천만 km다.

수성

금성

태양

토성

달

지구

화성

목성

태양 지름은 지구 지름의 약 10억배
정도로, 지구보다 아주 크다.
즉 지구 10억개를 붙여 늘어놓아야
태양의 지름과 비슷해진다.

# 한눈에 보는 지식
## 2 빙글빙글 지구

우리가 움직이지 않고, 제자리에 가만히 있어도 사실 우리는 움직이고 있습니다. 지구가 우리 발밑에서 자전축을 중심으로 돌고 있기 때문입니다.

**지구는 계속 빙글빙글 도는데, 정해진 속도로 움직입니다. 그래서 대부분의 사람은 지구의 움직임을 느끼지 못할 뿐, 지구는 돌고 있습니다.**

자전축은 북극에서 남극까지 이어지는 가상의 선입니다. 지구가 자전축을 중심으로 한 바퀴 도는 데는 23시간 56분 4초가 걸립니다. 지구가 도는 동안 태양을 향하고 있는 면은 낮이고, 태양이 비치지 않는 반대편은 밤입니다. 지구의 어느 한쪽이 낮일 때 그 반대편은 밤이 됩니다. 우리가 아침에 일어날 때 지구 반대편에 있는 사람은 잠자러 간답니다.

낮 동안 태양은 하늘을 가로지르며 움직이는 것처럼 보입니다. 하지만 실제로 움직이는 쪽은 지구입니다. 지구는 항상 동쪽을 향해 같은 방향으로 돕니다. 그래서 우리는 매일 동쪽에서 떠서 서쪽으로 지는 태양을 보게 되는 거지요.

### 빙글빙글 지구

농구공과 손전등을 이용해 낮과 밤이 어떻게 바뀌는지 알아봅시다. 농구공은 지구이고 손전등은 태양입니다.

**준비물** 농구공, 손전등, 테이프, 지도 그림

**실험 방법**
① 지도 그림에서 각 대륙을 오립니다.
② 커튼을 닫고, 농구공에 테이프로 각 대륙의 지도를 위치에 맞게 붙입니다.
③ 농구공을 돌립니다. 그동안 다른 친구는 손전등을 농구공에 비춥니다.
⋯ 농구공 표면이 환해지거나 어두워지면서 각 대륙의 낮과 밤을 볼 수 있습니다.

**한줄요약**
지구가 자전축을 중심으로 돌기 때문에 밤낮이 바뀝니다.

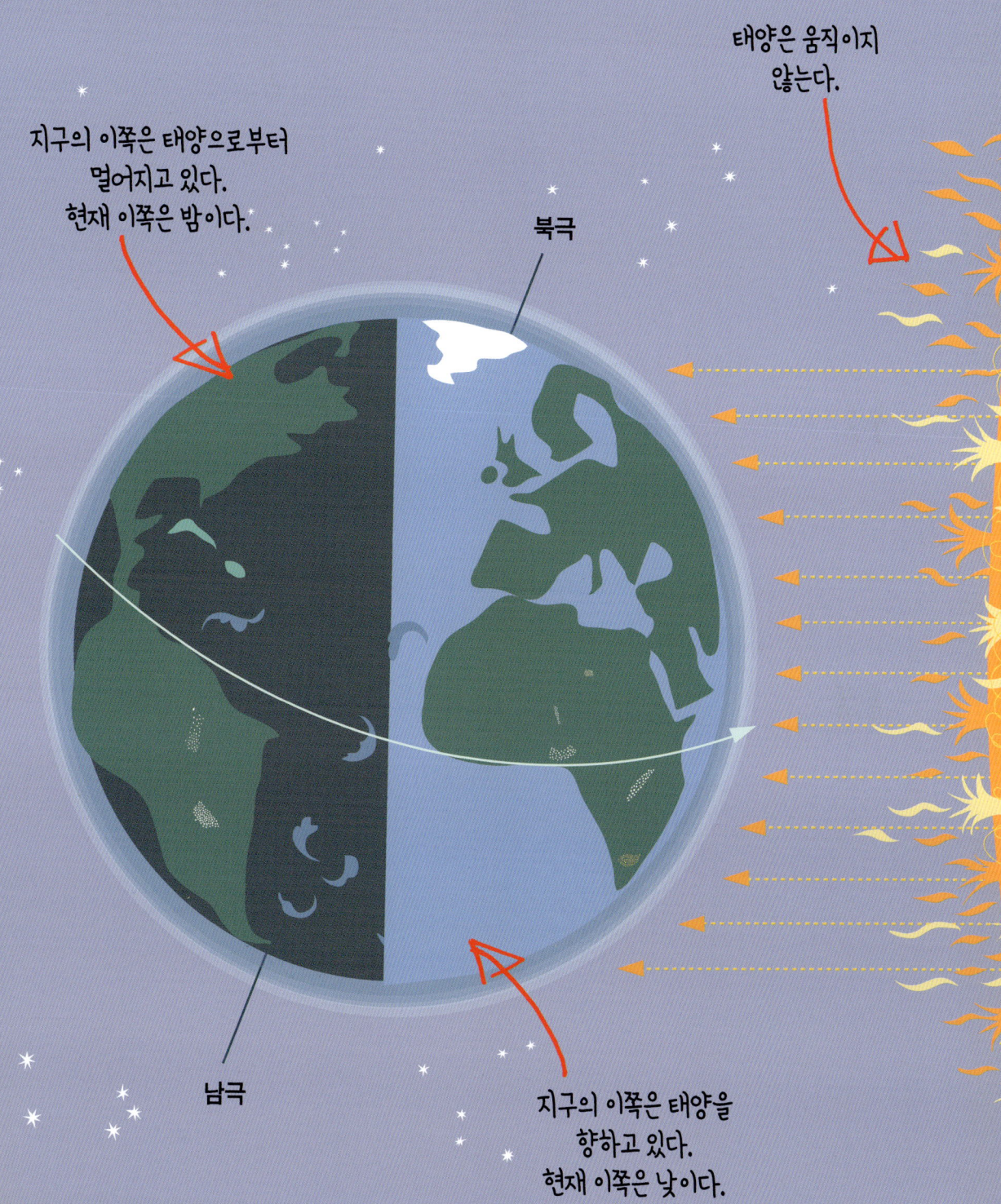

# 한눈에 보는 지식
## 3 계절의 변화

지구가 한쪽으로 기울어져 있다는 것을 알고 있나요? 지구는 자전축을 중심으로 23.5도 기울어져 있습니다. 태양 주변을 돌 때도 기울어진 채 돕니다. 그러다 보니 어떤 지역에 내리쬐는 햇빛과 열은 1년 내내 달라집니다. 햇빛과 열이 내리쬐는 정도의 변화에 따라 계절이 생기게 됩니다.

**북극이 태양 쪽으로 기울어져 있을 때 북반구는 여름입니다. 여름의 낮은 길고 날씨는 무덥습니다. 그 동안 남반구는 겨울입니다. 날씨는 춥고 낮은 짧습니다.**

남극이 태양 쪽으로 기울어져 있을 때, 북반구는 겨울이고, 남반구는 여름입니다. 적도와 극지방 사이에 끼어 있는 지역은 여름과 겨울 사이에 봄과 가을이 옵니다. 각 계절의 길이는 약 3달입니다.

적도 지역은 지구의 기울기에 영향을 받지 않습니다. 이곳은 언제나 태양 쪽을 향하고 있어서 1년 내내 무덥습니다. 다만 비가 많은 우기와 비가 거의 없는 건기로 나뉩니다. 극지방은 두 계절밖에 없습니다. 6개월은 겨울이고, 6개월은 여름입니다.

**한줄요약**
계절은 지구의 자전축이 기울어져 있기 때문에 바뀝니다.

### 계절을 보여 줘!

**준비물** 지구본(23.5도 기울어진 것), 비치볼

**실험 방법**
① 지구본을 잡습니다.
② 친구는 태양 역할을 하는 비치볼을 듭니다.
③ 지구본을 기울인 채 태양 비치볼 둘레를 천천히 돕니다.
④ 북반구가 여름이라고 생각할 때 멈춥니다.
⋯ 맞았나요? 오른쪽 그림과 비교해 봅시다.

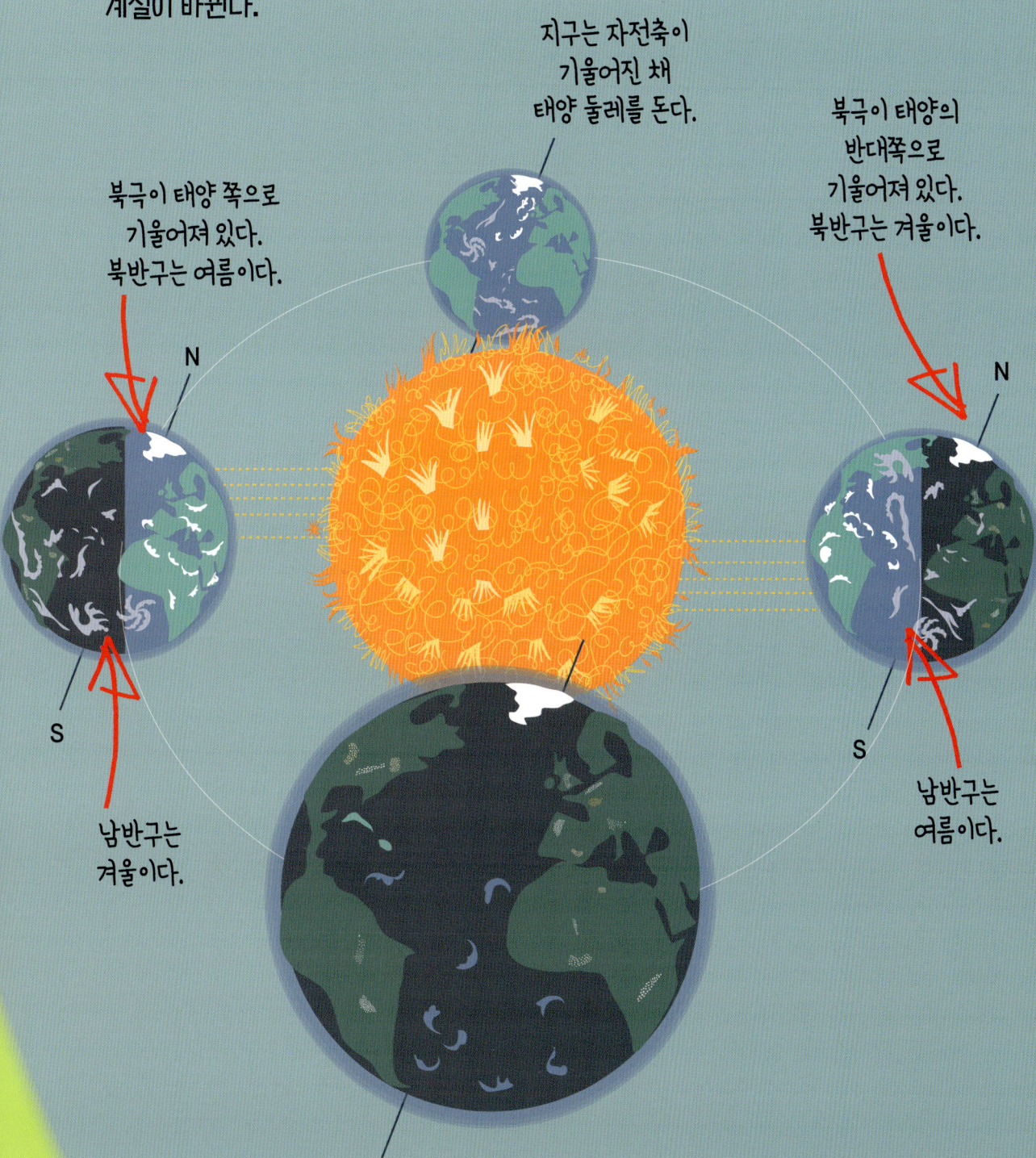

# 지구의 구조

우리 발밑의 땅속에서 무슨 일이 일어나고 있는지 궁금한 적이 있나요? 우리 행성은 과연 무엇으로 만들어져 있을까 궁금한 적이 있나요?
우리가 발을 딛고 있는 땅은 단단한 암석이지만 한 곳에 그대로 머물러 있지 않습니다. 땅을 이루는 암석은 오랜 세월에 걸쳐 쪼개지고 이동하면서 현재와 같은 대륙과 산을 만들었습니다. 또 엄청난 지진을 일으키고 화산을 분출합니다.

# 지구의 구조
## 읽기 전에 알아두기

**구** 공처럼 아주 둥근 물체.

**단층 산맥** 지각이 어긋나거나 갈라질 때 커다란 암석 덩어리가 솟아올라 만들어진 산맥.

**대륙** 아시아, 유럽, 아프리카처럼 지구를 덮고 있는 커다란 땅덩어리.

**대륙 이동** 서로 가까워지거나 멀어지는 대륙들의 느린 움직임.

**마그마** 지하 깊은 곳에서 암석이 녹아 만들어진 뜨겁고 끈적끈적한 물질.

**맨틀** 지각 밑에서 핵을 둘러싸고 있는 부분.

**변성암** 지하 깊은 곳에서 열과 압력을 받아 성질이 바뀐 암석.

**습곡 산맥** 두 개의 지각판이 부딪칠 때 지층이 주름지며 위로 솟아올라 만들어진 산맥.

**용암** 화산 분출 때 지표 밖으로 뿜어져 나온 마그마.

**지각** 우리가 발을 딛고 있는 지구의 바깥 암석층.

**지각판** 지구 표면을 이루는 커다란 암석층의 한 조각.

**지진** 지구 내부에서 생긴 힘을 받아 지각이 끊어지고 단층이 발생하면, 파동이 지표에 도달해 흔들리는 현상.

**충격파** 지진 때 발생하는 아주 빠른 파동.

**침식** 바람이나 비 같은 자연 활동으로 암석 표면이 조금씩 깎이거나 부서지는 과정.

**침식 산지** 지표 근처까지 올라온 마그마가 식어 암석이 되고, 그 위의 지층이 침식되면서 드러난 암석으로 만들어진 산악 지형.

**퇴적암** 호수나 바다의 바닥에 쌓인 자갈, 모래, 진흙 같은 물질이 단단하게 굳어 만들어진 암석.

**핵** 지구 중심의 가장 안쪽 부분.

**화성암** 뜨거운 마그마가 지하 또는 지표 밖에서 굳어 만들어진 암석.

# 한눈에 보는 지식
## 4 지각에서 핵까지

지구는 완전하게 둥글지 않습니다. 위아래가 조금 눌린 공 모양으로 극지방은 평평하고, 적도 지역은 불룩한 편입니다.

우리가 발을 딛고 있는 딱딱한 바닥을 지각이라고 합니다. 지각은 암석으로 이루어져 있습니다. 지각의 두께는 모든 곳이 똑같지 않습니다. 대륙 지각이 해양 지각보다 두껍지요. 대륙 지각의 평균 두께는 약 35km고, 해양 지각의 두께는 6~10km입니다.

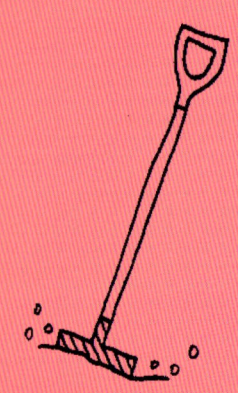

지각 바로 아래에는 맨틀이라고 불리는 암석의 층이 있습니다. 맨틀은 뜨거운 열 때문에 녹아 있는 부분도 있습니다. 이렇게 암석이 녹아서 만들어진 뜨겁고 끈적끈적한 물질을 마그마라고 합니다.

맨틀 밑은 지구의 핵입니다. 핵은 외핵과 내핵으로 나누어져 있습니다. 외핵은 주로 철과 니켈이 녹아 만들어진 액체 금속입니다. 내핵은 뜨거운 고체 금속입니다. 무려 4,500도에 이를 만큼 뜨겁지만 녹지는 않습니다. 내핵을 둘러싼 여러 층이 사방에서 짓누르고 있어서 압력이 아주 세기 때문입니다.

### 한줄 요약
지구는 지각에서 핵까지 여러 개의 층으로 이루어져 있습니다.

### 지구의 중심
지각에서 지구의 중심에 이르는 거리는 약 6,400km입니다. 한 시간에 약 5km씩 53일 동안 쉬지 않고 걸어가야 도착할 수 있을 정도로 먼 거리랍니다.

지구는 지각, 맨틀, 핵이라는
세 개의 주요 층으로 이루어져 있다.

대양 밑 지각의 두께는 6~10km다.

내핵은 뜨겁게 달구어진 고체 금속이다.

대륙 밑 지각의 평균 두께는 약 35km다.

맨틀은 지구 부피의 4분의 3을 차지한다.

외핵은 액체 금속이다.

## 한눈에 보는 지식
### 5 대륙 이동

우리가 느끼지 못할 뿐, 대륙은 지금 이 순간에도 움직이고 있습니다! 지구를 감싸고 있는 지각은 지각판이라고 하는 조각으로 쪼개져 있습니다. 7개의 큰 지각판과 수많은 작은 지각판은 대륙을 싣고 해마다 몇 cm씩 움직입니다. 이 움직임을 대륙 이동이라고 합니다. 지각판은 맨틀 윗부분의 끈적끈적한 마그마 층 위에서 떠다닙니다.

어떤 곳에서는 지각판이 서로 멀어집니다. 어떤 곳에서는 지각판이 서로 스쳐 지나갑니다. 가끔 두 지각판의 가장자리가 부딪치기도 합니다. 이러한 지각판의 움직임 때문에 지진이 일어나고, 화산이 분출하며, 산맥이 만들어집니다.

지구의 대륙 이동은 아주 오래전에 시작됐습니다. 약 2억 5천만 년 전, 모든 대륙은 달라붙어 하나의 거대한 대륙을 이루고 있었습니다. 이것을 판게아라고 부릅니다. 판게아는 아주 천천히 움직여서 로라시아 대륙과 곤드와나 대륙으로 갈라집니다. 그다음에 곤드와나 대륙은 남극과 남아메리카, 아프리카, 인도, 동남아시아, 오스트레일리아로 갈라졌습니다. 로라시아 대륙은 북아메리카와 유럽, 아시아로 갈라졌습니다.

### 죽을 끓여 알아보는 판 구조론

**준비물** 쌀, 물, 도와줄 어른 1명

**실험 방법**

① 어른에게 부탁해 물에 쌀을 넣고 쌀이 풀어질 정도로 끓여 봅니다.

② 죽을 식히면서 관찰해 보세요.
… 막 끓인 죽은 지구 깊은 곳의 마그마처럼 뜨겁고 끈적끈적합니다. 죽이 조금 식으면 죽 표면에 지각판과 비슷한 얇은 막이 생깁니다.

③ 어른에게 죽을 다시 끓여 달라고 부탁하고, 죽을 관찰해 보세요.
… 죽을 다시 끓이면 얇은 막은 떠다니는 지각판처럼 움직입니다. 좀 더 끓이면 화산이 지각판을 뚫고 분출하는 것처럼 거품이 얇은 막을 뚫고 솟아오릅니다.

**한줄요약**
지각은 천천히 움직이는 여러 개의 판으로 갈라져 있습니다.

지구의 대륙들은 7개의 큰 지각판에 얹힌 채 떠다닌다. 수억 년 동안 떠다니면서 지금 같은 대륙이 만들어졌다.

**2억 5천만 년 전**
판게아라고 불리는 하나의 거대한 대륙이 있었다.

판게아가 로라시아와 곤드와나로 갈라졌다.

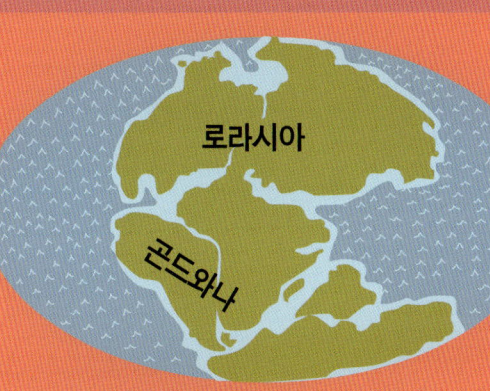

**2억 년 전**

곤드와나 대륙은 아프리카와 남아메리카로 갈라졌고, 로라시아 대륙은 아시아, 북아메리카, 유럽으로 갈라졌다.

**6천 5백만 년 전**

**현재**
현재 지구에는 일곱 개의 대륙이 있다.

# 한눈에 보는 지식
## 6 암석과 광물

땅속 깊이 파 내려가면 단단한 암석이 드러납니다. 암석은 지각을 이루고 있습니다.

**암석은 종류에 따라 모양, 무늬, 색이 다릅니다. 암석의 종류는 크게 세 가지로 나눌 수 있습니다.**

화성암은 지구 깊은 곳에 있는 벌겋게 달아오른 마그마가 굳은 암석입니다. 마그마는 지표 가깝게 솟아오르다가 화산이 터질 때 뿜어져 나오기도 합니다. 마그마가 식고 단단해지면서 현무암이나 화강암, 흑요석 같은 화성암이 만들어집니다.

퇴적암은 바람이나 비에 깎여서 생긴 암석의 조각, 모래, 진흙을 비롯해 작은 바다 동물의 퇴적물이 굳어서 만들어졌습니다. 퇴적물이 수백만 년이 흐르면서 계속 쌓이고, 높은 압력에 굳어져서 사암, 석회암, 이암 같은 암석의 층이 생깁니다.

변성암은 지구 깊숙한 곳에 있던 화성암이나 퇴적암의 성질이 바뀐 것입니다. 지구 내부는 온도가 높고, 땅을 밀어 올릴 정도로 압력이 크기 때문에 암석의 성질을 바꾸기도 합니다. 변성암에는 대리암, 점판암, 규암이 있습니다.

### 암석은 어떻게 만들어질까?

열과 압력을 받아 암석이 어떻게 만들어지는지 살펴봅시다.

**준비물** 하얀 식빵과 통밀 식빵 각각 3장, 종이 호일, 무거운 책, 도와줄 어른 1명

**실험 방법**

① 하얀 식빵과 통밀 식빵을 한 장씩 번갈아 가며 쌓고서 종이 호일로 감쌉니다.
② 그 위에 무거운 책을 올려놓고 짓누릅니다.
③ 책을 치운 다음, 식빵을 전자레인지에 넣고 1분 동안 굽습니다.
→ 식빵이 열과 압력을 받아 단단해졌습니다. 암석도 이런 방식으로 만들어집니다.

**한줄요약**
지각은 여러 가지 암석과 광물로 이루어져 있습니다.

암석은 크게
3종류가 있는데,
만들어지는 방식은
모두 다르다.

화성암은 마그마가 식어서 만들어진다.

마그마는 화산이 분출할 때 땅 위로 뿜어져 나오기도 한다.

퇴적암은 자갈과 모래, 진흙, 작은 바다 동물의 부스러기 등이 굳어져 만들어진다.

깊은 곳에 있는 퇴적암은 위에 쌓인 지층의 무게 때문에 짓눌린다.

마그마는 맨틀에서 올라온다.

암석이 아주 높은 열에 달구어지면 변성암이 만들어진다.

## 한눈에 보는 지식
## 7 화산

화산은 지구 깊은 곳에 있는 마그마와 기체가 지각의 터진 틈으로 지표를 뚫고 분출하면서 만들어집니다. 마그마와 기체는 높은 압력 때문에 위로 솟구칩니다. 마그마는 벌겋게 달아오른 채 물줄기처럼 솟아오르기도 하고, 화산재와 먼지로 이루어진 구름을 내뿜으며 폭발하기도 합니다.

지금도 활동하는 활화산은 전 세계에 약 1,500여 개나 됩니다. 화산은 지각판의 가장자리에 많습니다.

지표 밖으로 뿜어져 나온 마그마를 용암이라고 부릅니다. 용암은 1,200도가 넘으며, 1시간에 100km의 속도로 흘러가기도 합니다.

화산을 생각하면 삼각뿔 모양이 떠오를 것입니다. 하지만 모든 화산이 삼각뿔 모양은 아닙니다. 화산의 모양은 용암이 얼마나 끈적끈적한가에 따라 달라지고, 또 용암이 얼마나 세게 분출 되느냐에 따라 달라집니다. 느리게 흐르는 용암은 높은 산처럼 쌓여서 경사가 가파릅니다. 빠르게 흐르는 묽은 용암은 엎어 놓은 접시처럼 넓게 퍼지며 쌓입니다.

**한줄요약**
화산이 분출할 때 마그마가 지표를 뚫고 나와 분출합니다.

### 화산학자는 어떤 일을 할까?

화산학자는 멋진 직업이지만 위험하기도 합니다. 화산 주변에 사는 주민들을 보호하는 방법을 찾기 위해 위험한 활화산을 연구하는 화산학자도 있습니다. 어떤 화산학자는 화산이 터질 때 직접 화산 근처까지 가기도 합니다. 화산학자들은 화산 분출 때문에 땅이 흔들리는 것을 느끼기도 하고, 시끄러운 폭발 소리와 암석 쪼개지는 소리를 듣기도 하며, 온몸에 화산재를 뒤집어쓰기도 합니다.

## 한눈에 보는 지식
## 8 지진

가끔 지각판들이 가장자리를 맞댄 채 힘겨루기를 할 때가 있습니다. 지각판들은 제자리에서 서로를 밀치며 힘만 쓰는데, 이때 지각판에 압력이 쌓입니다. 그러다가 갑자기 압력이 풀리면 지각판이 미끄러집니다.

지각판이 미끄러지면 엄청난 충격파가 사방으로 퍼져 나가고 땅이 심하게 흔들립니다. 이것이 바로 지진입니다. 큰 충격파는 수천 km까지 퍼져 나가기도 합니다. 큰 지진이 나면 건물이 무너지고, 자동차 사고가 일어나고, 고압선이 끊어지고, 사람이 죽거나 다치기도 합니다.

지진학자 리히터는 지진이 일어났을 때 나오는 에너지의 양에 따라 0에서 10까지 숫자를 매겼습니다. 이를 리히터 규모라고 합니다. 규모가 1씩 올라갈 때마다 지진 에너지는 약 30배 늘어납니다. 규모 4의 지진은 규모 2의 지진보다 무려 900배의 에너지를 가지고 있습니다.

**한줄요약**
지진은 지각판이 갑자기 움직일 때 일어납니다.

### 충격파는 어떻게 퍼질까?
충격파 같은 파동이 어떻게 퍼져 나가는지 알아봅시다.

**준비물** 조약돌
**실험 방법**
① 물이 고여 있는 호수나 연못으로 갑니다.
② 조약돌을 호수나 연못에 던집니다.
③ 바깥으로 퍼져 나가는 물결을 관찰합니다.
⋯ 물결의 높이는 처음 만들어진 곳에서 가장 높습니다. 멀리 퍼져 나갈수록 점점 낮아집니다. 우리 눈에는 보이지 않지만, 충격파도 이와 비슷하게 퍼져 나갑니다.

지각판이 갑자기 움직이면 엄청난 충격파가 퍼져 나가면서 지진이 일어난다. 큰 지진은 사람들에게 엄청난 피해를 준다.

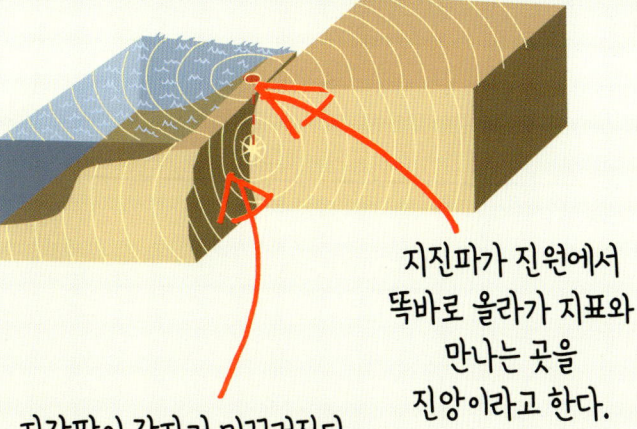

이 단면은 가장자리를 맞댄 채 움직이려고 애쓰는 지각판을 보여 준다.

지각판이 갑자기 미끄러진다. 지진파는 지진이 처음 일어난 진원에서 주변으로 퍼져 나가기 시작한다.

지진파가 진원에서 똑바로 올라가 지표와 만나는 곳을 진앙이라고 한다.

지진파가 지표를 뒤흔든다.

## 한눈에 보는 지식
## 9 산

대륙에 있는 큰 산맥들은 대부분 지각판의 움직임 때문에 만들어졌습니다. 두 개의 지각판이 부딪치면 지층이 주름지면서 솟아올라 습곡 산맥이 만들어집니다. 히말라야산맥도 4천만 년 전쯤에 지각판들이 부딪쳐서 솟아올랐습니다.

지각이 어긋나거나 끊어질 때 커다란 땅덩어리가 솟아오르며 단층 산맥이 만들어집니다. 단층 산맥의 꼭대기는 습곡 산맥보다 평평합니다. 북아메리카에 있는 시에라네바다산맥이 단층 산맥입니다.

마그마가 지표 근처까지 올라오면 마그마의 위쪽 지층이 혹처럼 불룩하게 솟아오르기도 합니다. 솟아오른 지층이 침식 작용으로 깎여 나가면서 침식 산지가 만들어집니다. 땅속에 있던 마그마는 식어서 단단한 암석이 됩니다. 북아메리카에 있는 블랙힐스산지가 이렇게 만들어졌습니다. 화산이 분출하면서 산을 만들기도 합니다. 탄자니아의 킬리만자로산과 이탈리아의 에트나산이 대표적인 예입니다.

산맥은 수천 km나 이어질 수도 있습니다! 지구에서 가장 긴 산맥은 남아메리카에 있는 안데스산맥입니다. 길이가 약 7,250km나 됩니다.

### 한줄요약
지각판이 움직이면서 큰 산맥을 만들기도 합니다.

### 고무찰흙으로 산 만들기
고무찰흙과 나무 블록으로 습곡 산맥을 만들어 봅시다.
**준비물** 색이 다른 고무찰흙 4장, 나무 블록 2개
**실험 방법**
① 고무찰흙을 지층처럼 겹겹이 쌓아 놓습니다.
② 나무 블록을 고무찰흙 지층의 양끝에 하나씩 놓습니다.
③ 지각판이 부딪치는 것처럼 나무 블록을 안쪽으로 밀어 봅시다.
⋯▶ 나무 블록을 세게 밀수록 고무찰흙은 더 심하게 주름집니다.

히말라야산맥은 지각판끼리
부딪치면서 솟아올랐다.

인도 판이 유라시아 판에
부딪치면서
밑으로 파고든다.

히말라야산맥이
만들어지기
시작한다.

인도 판    유라시아 판

두 개의 지각판이 서로
밀어내는 동안 지층이 주름지며
솟아오른다.

히말라야산맥에는
세계에서 가장 높은 에베레스트산을
비롯하여 높은 산들이 솟아 있으며,
지금도 조금씩 높아지고 있다.

# 날씨와 기후

날씨는 태양이 지구의 대기권에 있는 공기를 데우면서 변화합니다. 날씨는 날마다 다르고, 하루에도 몇 번씩 바뀝니다.

기후는 한 장소에서 오랜 기간 동안 나타나는 평균 날씨입니다. 극지방의 기후는 춥고 얼음이 꽁꽁 얼어 있으며, 적도 지역의 기후는 무덥고 후텁지근합니다. 비가 어떻게 돌고 도는지, 지구에서 가장 거친 바람이 무엇인지 알아봅시다!

# 날씨와 기후
## 읽기 전에 알아두기

**극지방** 북극과 남극 또는 그 주변 지역.

**기류** 특정한 방향으로 흐르는 공기의 움직임.

**기압** 대기권의 공기가 지표를 누르는 힘.

**기후** 특정한 지역의 일정한 날씨 경향 또는 평균 날씨.

**높쌘구름** 양떼구름이라고도 불리는 중간 높이의 구름.

**뇌우** 번개와 천둥을 발생시키는 하나의 폭풍우.

**대기권** 지구를 둘러싸고 있는 여러 가지 기체의 층.

**대류권** 지구 대기권의 가장 아래층. 지표로부터 8km 내지 16km 사이에 걸쳐 있다.

**미기후** 주변의 날씨와 차이가 나는 특정한 좁은 지역의 날씨.

**새털구름** 하늘 높은 곳에 생기는 옅은 구름.

**성층권** 지표면에서 16km 높이로부터 지표면에서 50km 높이 사이에 걸쳐 있는 대기권의 층.

**소용돌이** 아주 빠르게 회전하면서 물체를 중심으로 끌어당기는 토네이도 내부의 공기 덩어리.

**수증기** 공기 중에 떠 있는 기체 상태의 아주 작은 물 알갱이.

**슈퍼셀** 아주 강력한 폭풍우.

**쌘구름** 낮은 하늘에 두껍게 쌓이는 구름.

**쌘비구름** 바닥이 평평하고 높고 두껍게 쌓이는 구름. 우박, 소나기, 천둥을 동반하는 경우가 많다.

**열권** 중간권 위에 있는 대기권의 일부. 지표에서 85km 높이부터 500km 높이 사이에 걸쳐 있다.

**열대** 적도의 바로 위와 아래의 지역. 기후는 따뜻하거나 무덥고 1년 내내 습하다.

**온대** 열대와 한대 사이의 지역. 아주 덥거나 춥지 않고 적당한 기온을 나타내는 기후.

**외기권** 행성 대기권의 가장 바깥 층.

**응축** 수증기가 물로 바뀌는 것처럼 기체가 액체로 바뀌는 현상.

**전하** 물질이 운반하는 전기의 양.

**중간권** 성층권과 열권 사이, 지표에서 50km 높이부터 85km 높이 사이에 걸쳐 있는 지구 대기권의 일부.

**증발** 물이 수증기로 바뀔 때처럼 액체가 기체로 되는 현상.

**층구름** 하늘의 낮은 곳에서 회색의 층을 이루며 하늘을 덮는 구름.

**태풍의 눈** 태풍의 중심에 있는 맑은 지역.

**토네이도** 바다나 넓은 평지에서 발생하는 매우 강하게 돌아가는 깔때기 모양의 회오리바람.

**파편** 토네이도의 강한 바람에 날리는 나무나 금속, 벽돌 같은 잡동사니.

**폭풍 해일** 세찬 바람이나 폭풍 때문에 해안 근처의 해수면이 평소보다 솟아오르는 현상.

## 한눈에 보는 지식
## 10 지구의 대기권

지구에 사는 우리와 저 멀리 우주 공간 사이에는 무엇이 있을까요? 지구는 대기권이라고 불리는 커다란 공기 담요에 둘러싸여 있습니다. 대기권은 여러 개의 층으로 이루어져 있습니다. 그중 우리는 '지표면에서부터 8km 높이'에서부터 '지표면에서 16km 높이' 사이에 걸쳐 있는 대류권에 살고 있습니다. 대류권에는 산소가 풍부해서 우리가 마음껏 숨을 쉴 수 있습니다.

**대류권의 공기는 기압과 온도가 바뀌기 때문에 잠시도 한곳에 머물러 있지 않고 끊임없이 움직입니다. 움직이는 공기는 세계 여러 곳으로 태양열을 퍼뜨리면서 날씨를 바꿉니다.**

대기권의 묵직한 공기는 우리를 비롯한 지구의 모든 것을 내리누릅니다. 이것이 바로 기압입니다. 기압은 끊임없이 바뀝니다. 주변보다 기압이 낮은 곳을 '저기압'이라고 하는데, 가장 낮은 곳을 저기압의 중심이라고 합니다. 주변보다 기압이 높은 곳을 '고기압'이라고 하는데, 가장 높은 곳을 고기압의 중심이라고 합니다. 저기압이 되면 비가 오거나 습하고, 고기압이 되면 맑고 건조합니다.

### 한줄요약
대기권은 지구를 둘러싼 공기 담요입니다.

### 기압 마술

**준비물** 얇은 판지(유리컵을 덮을 정도의 크기), 유리컵, 물

**실험 방법**

① 유리컵에 물을 3분의 1쯤 채웁니다.
② 유리컵 가장자리에 물을 살짝 적시고 판지로 덮습니다. 판지가 움직이지 않도록 손으로 잡습니다.
③ 싱크대로 가서 유리컵을 뒤집고 판지를 잡고 있던 손을 조심스럽게 떼어 봅니다.
⋯ 어떻게 되었나요? 기압이 판지를 떠받치고 있기 때문에 손을 떼도 판지는 유리컵에 그대로 붙어 있습니다.

다섯 개의 층으로 이루어진 지구의 대기권은 공기 담요의 역할을 한다.

**외기권**
10,000km의 공간까지 뻗어 있다.

국제 우주정거장
330km

약 500km

**열권**

인공위성
160 km

약 85km

**중간권**

제트 전투기
35 km

약 50km

**성층권**

뇌운
13 km

에베레스트산
9 km

여객기
13 km

8~16km

**대류권**

39

# 한눈에 보는 지식
## 11 물의 순환

하늘에서 내리는 비는 긴 여행을 하는 중입니다. 물의 여행은 바다에서 시작되며, 바다에서 증발한 물은 수증기로 모습을 바꾸고 대기로 날아갑니다. 수증기는 눈에 보이지는 않지만, 공기 중에 수증기가 많아지면 습도가 높아져 후텁지근하게 느껴집니다.

수증기는 차갑게 식으면 작은 물방울이 되기도 하고 작은 얼음 알갱이가 되기도 합니다. 이런 물방울이나 얼음 알갱이가 모여 하늘에 둥둥 떠다니는 구름이 됩니다. 물방울이나 얼음 알갱이가 서로 뭉쳐서 커지고 무거워지면 구름은 비나 눈이 되어 땅으로 내립니다. 빗물과 눈 녹은 물은 시내와 강을 거쳐 다시 바다로 흘러갑니다.

<u>물은 바다, 대기, 육지, 강이나 호수 사이를 끊임없이 흘러 다닙니다. 물이 이렇게 돌고 도는 과정을 물의 순환이라고 합니다.</u>

구름도 물의 순환 중 한 부분입니다. 야외로 나갈 기회가 있으면 하늘에서 쎈구름(두텁게 쌓인 구름), 층구름(층을 이룬 구름), 쎈비구름(비구름), 높쎈구름(양떼구름) 등 여러 가지 구름을 찾아보세요.

### 한줄요약
**물의 순환은 물이 육지와 대기 사이를 돌고 도는 과정입니다.**

### 비 만들어 보기

**준비물** 커다란 유리그릇, 따뜻한 물, 쿠킹 포일, 얼음 조각

**실험 방법**
① 따뜻한 물을 유리그릇에 5cm 정도의 높이가 되게 붓습니다.
② 쿠킹 포일로 유리그릇 위를 틈이 없게 씌웁니다.
③ 얼음 조각 몇 개를 쿠킹 포일 위에 올려놓습니다.
⋯ 유리그릇에 담긴 따뜻한 물은 수증기가 되어 날아갑니다. 차가운 쿠킹 포일에 닿은 수증기는 식어서 응축되어 '비'가 되어 다시 아래의 물인 '바다'로 떨어집니다.

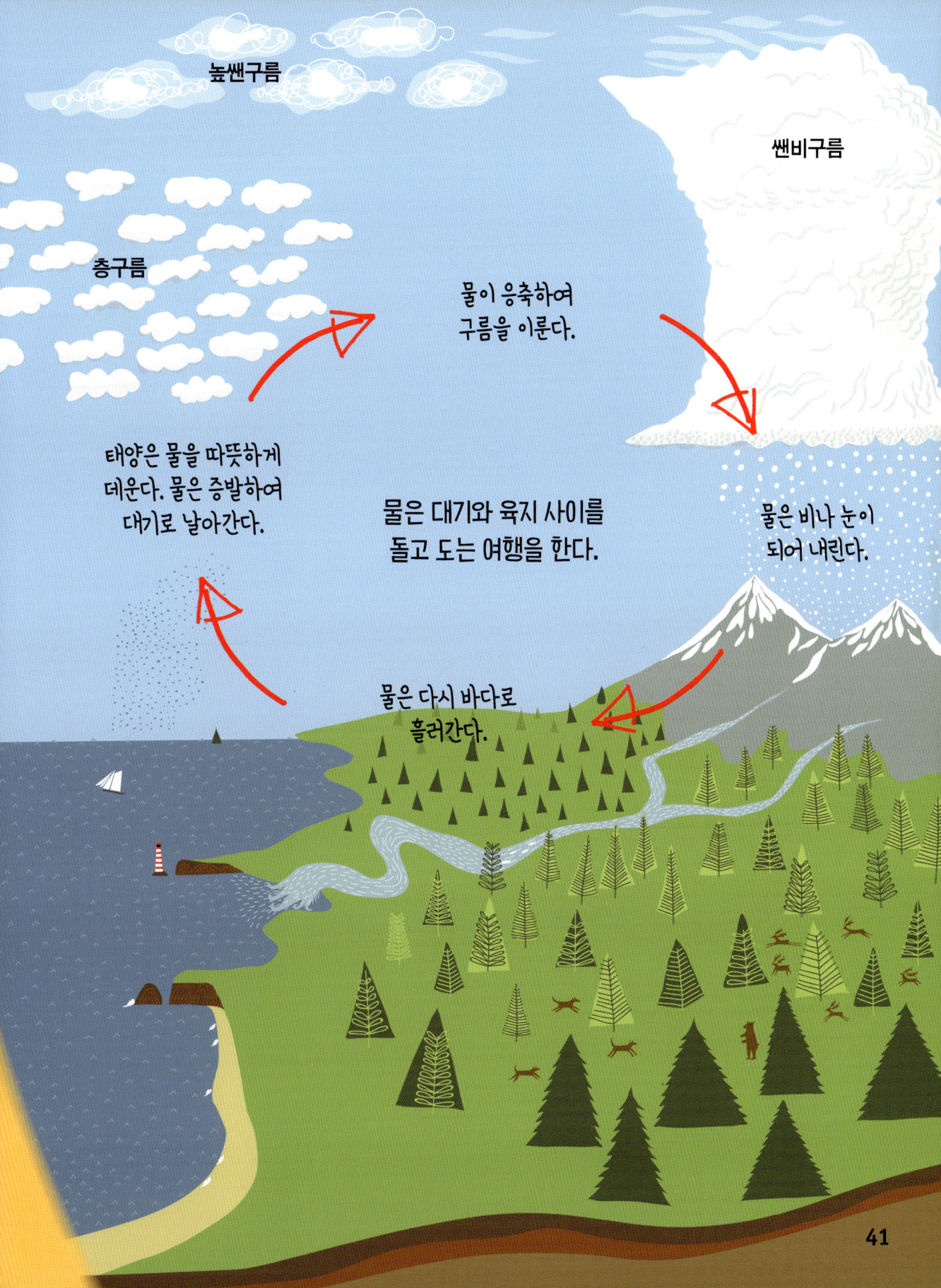

## 한눈에 보는 지식
## 12 천둥과 번개

이 내용을 읽는 동안에도 세계 곳곳에서 약 2,000개의 뇌우가 천둥과 번개를 일으키고 있습니다. 요란한 천둥소리와 번쩍이는 번개는 가장 웅장한 기상 현상입니다.

**번개가 치면 주변 공기가 뜨거워지며 수천 도까지 올라갑니다. 뜨거워진 공기는 순식간에 팽창하면서 요란한 천둥소리가 울립니다.**

뇌우는 쌘구름이 높은 탑처럼 쌓여 폭풍우를 내리게 하는 쌘비구름으로 자랄 때 일어납니다. 쌘비구름은 10km 높이로 치솟기도 합니다. 세찬 기류가 구름 안에서 오르락내리락하는 동안 엄청나게 많은 전하가 구름에 쌓입니다. 이때 구름 꼭대기에는 양전하가 쌓이고, 구름 바닥에는 음전하가 쌓입니다.

구름 안에 전하가 넘칠 만큼 쌓이면 전하는 구름 이쪽에서 저쪽으로 건너뛰기도 합니다. 또한 구름과 구름 사이, 구름과 땅 사이를 건너뛰기도 합니다. 순식간에 일어나는 이런 전하의 이동이 바로 번개입니다. 번개는 구름 속에서 번쩍이기도 하고, 구름 밖으로 밝은 빛줄기를 나뭇가지처럼 뻗기도 합니다.

### 번개 치는 곳까지의 거리 재기

빛은 소리보다 훨씬 빨라서 천둥소리가 들리기 전에 번개 불빛이 먼저 보입니다. 이를 이용해 뇌우가 얼마나 멀리 떨어져 있는지 알아낼 수 있습니다.

**준비물** 스마트폰의 스톱워치 앱

**실험 방법**

① 번개 불빛을 보자마자 스톱워치를 눌러 시간을 잽니다.

② 천둥소리가 들리면 스톱워치를 멈춥니다.

→ 스톱워치로 잰 시간을 3으로 나눕니다. 소리는 3초마다 약 1km를 달립니다. 만약 스톱워치로 잰 시간이 12초라면 내가 있는 곳으로부터 번개 치는 곳까지의 거리는 약 4km입니다.

**한줄요약**
번개는 공기를 가로지르며 달리는 전기 불꽃입니다.

## 한눈에 보는 지식
## 13 태풍

태풍은 어마어마하게 큰 소용돌이 바람입니다. 태풍이 다가오면 아주 세찬 바람이 불고 폭우가 쏟아지며 집채만 한 파도가 밀려와 물난리가 나기도 합니다.

태풍은 적도 근처의 따뜻한 열대 바다에서 발생한 뇌우로부터 시작됩니다. 뇌우는 열대 폭풍이라고 불리는 소용돌이 폭풍으로 커지기도 합니다. 그냥 사라지는 열대 폭풍도 많습니다. 하지만 따뜻한 바다를 지나는 동안 점점 힘이 커지는 경우도 있습니다. 바람이 더욱 드세진 열대 폭풍은 비를 잔뜩 머금은 거대한 구름 기둥 무더기로 자랍니다.

**구름 안쪽의 풍속이 초속 17m가 넘는 열대 폭풍을 공식적으로 '태풍'이라고 합니다. 우리나라 기상청에서는 태풍의 세기를 5단계로 나눕니다. 가장 센 초강력 태풍의 바람은 초속 54m가 넘습니다.**

태풍이 바다를 가로지르면 폭풍 해일이 만들어집니다. 폭풍 해일은 바닷물이 언덕처럼 솟아오르는 현상입니다. 태풍이 육지로 올라오면 바닷가 마을은 폭풍 해일이 덮쳐 물난리가 나기도 하고, 태풍이 몰고 온 비바람 때문에 농작물이나 건물 등이 큰 피해를 입기도 합니다. 태풍 매미가 2003년에 우리나라를 찾아와 부산과 제주도에서는 큰 피해를 입었습니다.

### 한줄요약
태풍은 세찬 바람이 몰아치는 거대한 소용돌이 폭풍입니다.

### 태풍의 이름
아주 강한 열대성 저기압을 우리나라를 비롯한 북서태평양에서는 태풍이라고 부릅니다. 북아메리카에서는 허리케인이라고 부르고, 인도양과 남반구에서는 사이클론이라고 부릅니다. 모든 태풍과 허리케인, 사이클론에는 이름이 붙습니다. '매미'는 태풍에 붙여진 이름입니다.

따뜻한 열대 바다에서 발생한 태풍이 육지로 올라오면 홍수를 일으켜 사람들에게 큰 피해를 준다.

태풍의 눈을 둘러싼 구름의 벽을 '눈의 벽'이라고 한다.

태풍의 눈은 태풍 중심에 있는 구멍으로, 이곳은 하늘이 맑고, 구름이 없다.

태풍은 북반구에서는 반시계 방향으로 회전한다. 남반구에서는 시계 방향으로 회전한다.

태풍은 강풍, 폭우, 뇌우를 동반한다.

# 한눈에 보는 지식
## 14 토네이도

지구에서 가장 센 바람은 토네이도 안에서 분다는 것을 알고 있나요? 토네이도는 시속 480km의 바람이 빙글빙글 소용돌이치는 아주 강한 회오리바람입니다. 토네이도가 발생하면 집이 부서지고 자동차가 날아가고 기차가 선로를 벗어납니다.

토네이도는 슈퍼셀이라고 불리는 엄청난 에너지를 가진 뇌우에서 시작됩니다. 슈퍼셀 안의 세찬 기류가 슈퍼셀의 바닥에서 빙글빙글 돌며 솟아오르는 소용돌이 공기 기둥을 만듭니다. 이 공기 기둥이 땅에 닿으면 토네이도가 됩니다.

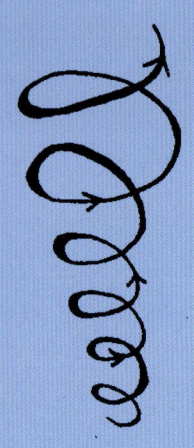

토네이도의 바깥 공기는 여러 가지 파편들을 감아올리면서 소용돌이치는데, 심지어 파편을 몇 km나 떨어진 곳으로 끌고 가기도 합니다. 토네이도가 끌고 가던 파편을 땅으로 떨어뜨리면서 끔찍한 피해가 일어나기도 합니다. 토네이도 중에는 지름은 3km가 넘고, 시속 115km의 빠른 속도로 땅을 가로질러 이동하는 토네이도도 있습니다.

**한줄요약**
토네이도는 엄청나게 강한 바람이 소용돌이치는 회오리바람입니다.

### 병 속의 토네이도

토네이도의 회오리바람이 어떤 모양인지 알아봅시다.

**준비물** 유리병과 뚜껑, 주방 세제, 물감, 물

**실험 방법**
① 유리병에 물을 거의 가득 채웁니다.
② 유리병의 물에 물감을 짜서 떨어뜨리고, 주방 세제도 두세 방울 떨어뜨립니다.
③ 유리병의 뚜껑을 닫고 빙글빙글 돌려 물이 유리병 안에서 소용돌이치면 멈춥니다.
⋯ 유리병 안의 토네이도 모양을 볼 수 있을 거예요.

# 한눈에 보는 지식
## 15 기후대

내가 사는 곳은 1년 동안 날씨가 어떻게 바뀌나요? 기후는 우리가 매일 겪는 날씨와는 다릅니다. 기후는 한 장소에서 오랜 기간에 걸쳐 나타나는 평균 날씨입니다. 무더운 여름에도 쌀쌀한 날씨가 며칠 동안 나타날 수 있지만, 여름의 기후는 대체로 덥습니다.

**세계 여러 지역의 기후는 서로 다릅니다. 기후에 따라 나눈 지역을 기후대라고 합니다. 기후대는 크게 한대, 열대, 온대의 세 가지로 나눕니다.**

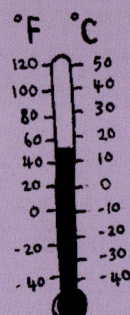

남극과 북극의 주변 지역은 한대 기후를 나타냅니다. 이곳은 1년 내내 추운 지역으로, 여름에는 기온이 좀 올라가지만 여전히 선선합니다. 적도 주변 지역은 열대 기후를 나타냅니다. 이곳은 1년 내내 찌는 듯이 덥고, 비가 없는 건기와 비가 많은 우기로 나누어집니다.

극지방과 적도 사이의 지역은 온대 기후입니다. 이곳은 사계절이 뚜렷합니다. 봄은 따뜻하고 여름은 무더우며 가을은 선선하고 겨울은 춥습니다. 사계절이 뚜렷한 우리나라는 온대 기후에 속합니다.

그 외에도 산악 기후는 춥고 습하며 바람이 많고, 사막 기후는 아주 건조합니다.

### 한줄요약
기후는 오랜 기간의 평균 날씨입니다.

### 미기후
기상학자들은 어떤 지역에서는 그 지역만의 독특한 미기후 또는 국지 기후가 나타난다고 말합니다. 도시는 건물에서 나오는 열 때문에 그 도시를 둘러싼 주변 지역보다 기온이 높습니다. 산악 지역은 춥고 바람이 많지만, 산의 골짜기는 바람을 피할 수 있기 때문에 주변 지역보다 따뜻한 미기후를 나타내기도 합니다.

# 물의 행성, 지구

지구의 많은 곳은 물로 덮여 있습니다. 지구의 물은 바다와 육지에 있는 강과 호수에 담겨 있습니다. 물은 꽁꽁 얼어붙어 빙하와 빙상을 이루기도 합니다. 가장 크고 넓은 호수, 육지에서 시작해 바다로 흘러가는 강의 긴 여행, 그리고 넓은 바닷속의 놀라운 해저 지형을 알아봅시다!

# 물의 행성, 지구
## 읽기 전에 알아두기

**강어귀** 바다로 흘러드는 강의 넓은 입구.

**곶** 바다 쪽으로 길고 뾰족하게 뻗어 나온 육지.

**광물** 동물이나 식물 같은 생명체가 아니면서, 금이나 소금처럼 지구에 자연적으로 존재하는 물질.

**권곡** 흐르는 빙하에 파여 둥근 그릇의 바닥처럼 움푹 들어간 산비탈의 커다란 웅덩이.

**단층호** 지구의 지각판이 움직일 때 커다란 암석 덩어리가 솟거나 꺼지면서 생긴 오목한 골짜기에 생긴 호수.

**마그마** 지하 깊은 곳에서 암석이 녹아 만들어진 뜨겁고 끈적끈적한 물질.

**만** 해안을 따라 육지 쪽으로 완만하게 구부러지며 움푹 들어간 바다의 일부.

**밀물과 썰물** 달과 태양의 끌어당기는 힘 때문에 해수면의 높이가 주기적으로 높아지고 낮아지는 현상. 해수면이 높을 때를 밀물, 낮을 때를 썰물이라고 한다.

**범람원** 강물이 넘칠 때마다 물에 잠기는 강 주변의 평지.

**빙퇴석** 빙하가 운반하던 흙이나 암석 조각들이 빙하가 녹을 때 쌓여 만들어진 퇴적물.

**빙하 말단** 빙하가 녹기 시작하는 끝부분.

**빙하** 산에 쌓인 눈이 다져지면서 만들어진 커다란 얼음덩어리. 계곡을 따라 아주 천천히 내려간다.

**사행천** 뱀 모양으로 구불구불 흐르는 강.

**삼각주** 강이 운반한 퇴적물이 쌓여 만들어진 삼각형 모양의 땅. 강은 바다로 흘러들기 전에 삼각주에서 여러 줄기의 작은 강으로 갈라지기도 한다.

**세균** 가장 작고 단순한 생물의 한 형태. 박테리아라고도 한다. 공기와 물, 흙, 생물이나 생물의 사체 속에도 아주 많고, 여러 가지 질병을 일으키기도 한다.

**시스택** 해안에서 암석 아치가 무너지고 남은 돌기둥.

**아치** 활이나 무지개처럼 한가운데는 높고 길게 굽은 모양. 해안에서 해식 동굴이 침식되어 구멍이 뚫리면 아치가 만들어진다.

**우각호** 구불구불한 강의 일부가 떨어져 나가 만들어진 소뿔 모양의 호수.

**중력** 두 물체가 서로 끌어당기는 힘. 지구의 중력이 물체를 지구 중심 방향으로 끌어당기기 때문에 모든 물체는 땅으로 떨어진다.

**증발** 액체가 기체로 변하는 현상. 예를 들면 물은 기체인 수증기로 바뀐다.

**지각판** 지구 표면을 이루는 커다란 암석층의 한 조각.

**침식** 바람이나 비 같은 여러 가지 자연 활동으로 암석 표면이 조금씩 깎이거나 부서지는 과정.

**퇴적물** 강이나 바람에 운반되어 호수나 강의 바닥에 쌓인 모래, 자갈, 진흙 같은 물질.

**하구** 강이 바다와 만나는 부분.

**해구** 대양 해저의 깊은 골짜기.

**해류** 일정한 방향으로 흐르는 바닷물의 커다란 흐름.

**해산** 바다 밑에 솟은 산.

**화구호** 화산 꼭대기에 있는 웅덩이에 만들어진 호수.

## 한눈에 보는 지식
### 16 대양과 바다

지구를 왜 푸른 행성이라고 부르는지 알고 있나요? 바로 지구 표면의 3분의 2 이상을 물이 덮고 있기 때문입니다. 지구에는 다섯 개의 넓고 큰 바다가 있습니다. 태평양, 대서양, 인도양, 남극해, 북극해로, 이 다섯 개의 바다는 보통 오대양이라고 합니다.

가장 큰 대양은 태평양입니다. 태평양은 거의 지구 반 바퀴에 걸쳐 펼쳐져 있습니다. 나머지 대양을 모두 합쳐야 태평양의 규모와 비슷합니다. 가장 작은 대양은 북극해입니다. 북극해는 1년의 대부분을 얼음으로 덮여 있습니다.

바다는 대양의 일부를 이루는 좁은 지역입니다. 예를 들어 지중해는 대서양의 일부이며, 아라비아해는 인도양의 일부입니다. 대부분의 바다는 적어도 한 부분은 육지와 맞닿아 있습니다.

지구 전체에 있는 물의 약 97%는 바닷물입니다. 바닷물은 소금 같은 광물이 녹아 있기 때문에 짭니다. 대부분의 소금은 육지의 암석에서 나오는데, 암석의 소금 성분이 빗물이나 강물에 씻겨 바다로 흘러듭니다. 바다 밑의 화산에서도 소금이 조금 나옵니다.

**한줄요약**
지구 표면의 3분의 2 이상이 대양과 바다입니다.

### 해류

바닷물은 일정한 방향으로 끊임없이 움직입니다. 이것을 해류라고 합니다. 해류가 생기는 원인은 여러 가지예요. 그중에 하나가 바람 때문입니다. 해류는 따뜻한 바닷물을 나르기도 하고 찬 바닷물을 나르기도 합니다.
해류는 세계 여러 곳으로 열을 나르면서 해류가 지나는 곳의 날씨에 큰 영향을 줍니다.

# 한눈에 보는 지식
## 17 해저

바다 꼭대기 층은 햇빛을 받아 밝지만, 바다 깊이 들어갈수록 아주 어둡습니다. 약 100m 깊이 아래부터 바다는 칠흑같이 어둡고 아주 차갑습니다.

**바다 밑바닥, 즉 해저에는 아주 놀라운 풍경이 펼쳐집니다. 해저에 펼쳐진 드넓은 평지는 바다 동식물의 잔해로 이루어진 퇴적물로 덮여 있습니다. 해령이라고 부르는 바다 산맥은 지각판을 따라 줄지어 솟아 있습니다. 이곳에서 마그마가 솟구쳐 나오기도 합니다.**

해저에 홀로 우뚝 솟은 산을 해산이라고 합니다. 어떤 해산은 육지에서 가장 높은 산보다 높습니다.

해구는 바다 밑에 있는 깊은 골짜기입니다. 가장 깊은 해구는 태평양에 있는 마리아나 해구입니다. 마리아나 해구의 바닥 깊이는 바다 표면에서 약 10,994m나 됩니다. 세계에서 가장 높은 에베레스트산을 마리아나 해구로 옮기면, 에베레스트산이 들어가고도 2,146m는 물에 잠길 것입니다.

### 검은 굴뚝, 열수구

아주 뜨겁고 검은 물을 뿜어내는 열수구가 해령을 따라 늘어선 곳도 있습니다. 열수구를 검은 굴뚝이라고 부르기도 하지요. 열수구에는 바닷물에 녹아 있는 광물의 결정으로 이루어진 굴뚝 모양의 기둥이 솟아 있습니다. 검은 굴뚝 주변에는 많은 바다 동물이 삽니다. 그중에는 길이가 2m나 되는 커다란 관벌레를 비롯해 게, 새우도 있습니다. 이 동물들은 열수구의 물에 녹아 있는 광물을 이용해서 자라는 세균을 먹고 삽니다.

**한줄요약**
해저에는 넓은 평지, 높은 산, 깊은 골짜기가 있습니다.

대륙의 가장자리는 경사를 이루며 바다로 이어진다.

해저에서는 높은 산과 깊은 골짜기 같은 놀라운 풍경을 볼 수 있다.

대륙붕은 대륙의 가장자리에 이어진 비교적 얕은 바다 밑의 지역이다.

대양 해저의 바닥은 바다 표면으로부터 3,400m에서 4,500m 사이에 펼쳐져 있다.

해령

해산

열수구

해구

지각판

지각판

마그마

# 한눈에 보는 지식
## 18 해안

해안은 바다와 육지가 만나는 곳입니다. 거센 바람과 파도는 해안의 암석을 깎습니다. 바람과 파도는 절벽을 깎고, 굴을 파고, 아치를 만들면서 해안의 모습을 바꿉니다.

강어귀는 강과 바다가 만나는 곳입니다. 밀물 때가 되면 바닷물은 강어귀에서 육지 쪽으로 깊숙이 들어옵니다. 썰물 때가 되면 바닷물이 물러나면서 강 어귀에는 바닷물에 잠겨 있던 진흙 둑이 드러납니다.

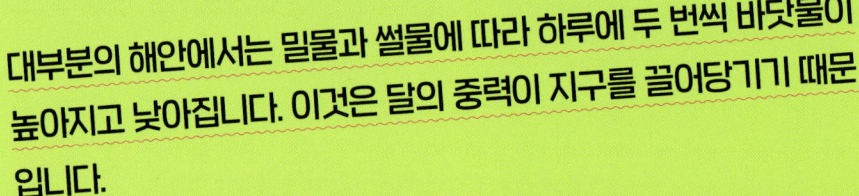

**대부분의 해안에서는 밀물과 썰물에 따라 하루에 두 번씩 바닷물이 높아지고 낮아집니다. 이것은 달의 중력이 지구를 끌어당기기 때문입니다.**

달의 중력이 바닷물을 끌어당기면 달을 향한 쪽의 바닷물이 높아집니다. 그 반대쪽에 있는 바닷물도 높아집니다. 이때가 밀물입니다. 그런데 지구는 자전하기 때문에 달의 중력으로 바닷물이 높아지는 지역이 바뀝니다. 그래서 썰물과 밀물이 되풀이되는 것입니다.

태양도 밀물과 썰물에 영향을 조금 줍니다. 태양 때문에 밀물과 썰물이 조금 더 높아지기도 하고 낮아지기도 합니다.

**한줄요약**
해안은 바다와 육지가 만나는 곳입니다.

### 파도 구부리기

**준비물** 크고 깊은 네모난 쟁반, 컵, 직사각형 플라스틱 뚜껑

**실험 방법**
① 쟁반에 물을 높이가 1cm 정도 되도록 채웁니다.
② 쟁반 가운데에 컵을 엎어 놓습니다.
③ 플라스틱 뚜껑 가장자리로 쟁반의 물을 밀어 작은 파도를 만들어 봅니다.
→ 파도는 컵 주변에서 구부러지고 반대쪽에서 만납니다. 해안의 곶 주변에서는 파도가 이런 방식으로 구부러집니다.

# 한눈에 보는 지식
## 19 강

지구에 있는 물의 단 1%만이 민물입니다. 대부분의 민물은 강을 따라 흐르고, 호수에 담겨 있습니다. 그중 강물은 육지에서 바다로 흐르면서 강 주변의 풍경을 바꿉니다.

**강물은 흐르면서 자갈, 모래, 진흙 같은 퇴적물을 실어 나릅니다. 자갈은 강바닥을 깎아 계곡을 만듭니다. 진흙과 같은 퇴적물은 홍수가 나면 강 주변으로 넘쳐 쌓입니다. 강 주변에 쌓인 퇴적물은 땅을 비옥하게 만들어 농사를 짓는 데 도움이 됩니다.**

강물은 바다 근처에서 여행의 마지막에 다다릅니다. 강물은 강어귀에서 바다로 흘러듭니다. 강어귀에는 강물이 실어 나른 많은 양의 퇴적물이 쌓여 부채꼴 모양의 땅이 새로 만들어지기도 합니다. 이런 곳을 삼각주라고 합니다.

나일강은 세계에서 가장 긴 강 중에 하나로 알려져 있습니다. 길이가 약 6,695km에 이르며, 아프리카의 여러 나라를 지나갑니다. 나일강 어귀에 있는 삼각주는 세계에서 가장 큰 삼각주로 손꼽힙니다.

**한줄요약**
강은 물을 육지에서 바다로 나릅니다.

### 퇴적물 만들기

**준비물** 크고 깊은 네모난 쟁반, 2~3cm 두께의 나무 조각, 모래, 물이 든 주전자, 야외 공간(주변이 지저분해질 수 있어요!)

**실험 방법**
① 쟁반에 모래를 얇게 펼칩니다.
② 나무 조각을 괴어 쟁반 한쪽 끝을 높입니다.
③ 쟁반의 높은 쪽에 물을 천천히 붓습니다.
④ 모래가 어떻게 되는지 관찰해 봅시다.
  ⋯ 물은 모래를 쟁반 아래쪽으로 나르고, 모래는 쟁반 아래쪽 끝에 쌓입니다. 강도 이런 방식으로 퇴적물을 실어 나릅니다.

강물은 육지에서 바다로 흐르면서 주변 지형을 바꾼다.

**상류**
강물은 언덕이나 산의 높은 곳에 있는 발원지에서 시작된다. 강물은 가파른 비탈에서 빠르게 흐른다.

**중류**
강물이 천천히 흐른다. 강은 이리저리 구불구불 흐르는 커다란 사행천을 이루기도 한다.

**하류**
강의 주변에는 홍수 때마다 물에 잠기는 범람원이 펼쳐진다.

강물은 강어귀에서 바다로 흘러들어 간다. 많은 퇴적물이 쌓여 삼각주를 이루기도 한다.

# 한눈에 보는 지식
## 20 호수

땅에 웅덩이를 파고 물을 가득 채워 보세요. 이제 작은 호수가 만들어졌습니다! 물이 가득 찬 커다란 웅덩이, 그것이 바로 호수입니다.

**호수에도 여러 종류가 있습니다. 산악 지역에는 아주 오래전에 빙하가 판 웅덩이에 만들어진 빙하호가 많습니다. 우각호는 뱀처럼 구불구불 흐르는 강인 사행천의 일부가 떨어져 나가 소의 뿔 모양으로 만들어진 호수입니다.**

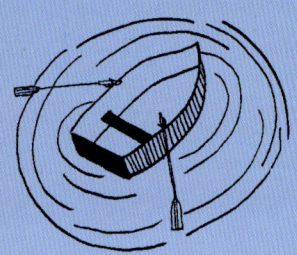

지구의 지각판이 움직일 때 커다란 암석 덩어리가 꺼지면서 생긴 골짜기에 단층호가 만들어지기도 합니다. 화구호는 화산 꼭대기에 있는 웅덩이에 만들어진 호수입니다.

물은 호수에 어떻게 모였을까요? 대부분은 강물이나 시냇물 같은 민물이 호수로 흘러들어 모입니다. 빙하 녹은 물이 호수를 채우기도 하고, 땅속을 흐르는 지하수가 호수로 스며들기도 합니다. 빗물도 호수를 채웁니다.

모든 호수가 민물은 아닙니다. 짠물 호수도 있습니다. 짠물 호수는 호수 바닥 암석 안에 있던 소금이 물에 녹아 만들어집니다. 그래서 짠물 호수의 물은 증발하면 소금이 남습니다. 카스피해처럼 아주 커다란 짠물 호수를 내해라고 합니다.

**한줄요약**
호수는 물이 가득 찬 웅덩이입니다.

### 가장 넓은 호수와 가장 깊은 호수

세계에서 가장 넓은 호수는 북아메리카 오대호 가운데 하나인 슈피리어호입니다. 슈피리어호의 면적은 82,100$km^2$로 올림픽 수영장 면적의 약 6,600만 배나 됩니다! 가장 깊은 호수는 러시아의 바이칼호입니다. 바이칼호에서 가장 깊은 곳의 깊이는 1,642m나 됩니다.

## 한눈에 보는 지식
## 21 빙하

세계에서 가장 높은 산의 꼭대기에 올라가면 무엇을 볼 수 있을까요? 그곳에서는 1년 내내 눈밖에 볼 수 없습니다. 산꼭대기에 두껍게 쌓인 눈은 오랜 세월 다져지면서 얼음이 됩니다.

이 커다란 얼음은 빙하라고 부르는 얼음 강이 됩니다. 빙하는 산비탈을 따라 천천히 미끄러집니다. 하지만 매우 천천히 움직이기 때문에 우리의 눈으로 봐서는 알아차리기 어렵습니다.

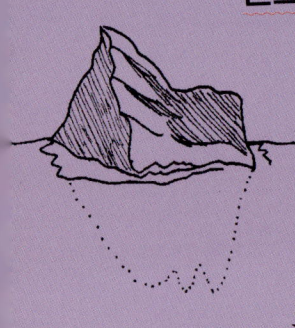

빙하는 남극과 그린란드를 덮고 있는 엄청나게 두꺼운 얼음인 빙관으로부터 천천히 흘러내려 옵니다.

빙하는 오랜 세월 산비탈을 깎아 권곡이라는 우묵한 지형을 만들기도 하고, 양쪽 벽이 가파르고 바닥이 평평한 유자곡이라는 'U'자 모양의 계곡을 만들기도 합니다.

빙하의 끝부분을 빙하 말단이라고 합니다. 빙하가 이곳에 도달하면 얼음이 녹으면서 그때까지 실어 나르던 암석 부스러기들이 쌓입니다.

대부분의 빙하는 바다나 호수에 이르면 여행이 끝납니다. 빙하 말단에서는 커다란 얼음덩어리들이 떨어져 나가고 커다란 소리를 내며 물에 빠집니다.

### 한줄요약
빙하는 천천히 움직이는 얼음의 강입니다.

### 우주에서 본 빙하

**준비물** 인터넷이 가능한 컴퓨터(또는 태블릿이나 스마트폰)

**실험 방법**
① 인터넷 검색 화면 창을 엽니다.
② 검색창에 '히말라야산맥 위성 사진'을 입력합니다.
③ 히말라야산맥을 자세히 볼 수 있도록 지도를 확대합니다.
④ 에베레스트산을 입력하고, 산비탈을 따라 흐르는 빙하를 찾아봅시다.

# 경이로운 생태계

생태계는 서로 부대끼며 살아가는 생물(식물과 동물)과 무생물(암석, 공기, 물)의 공동체입니다. 생태계는 사막만큼 클 수도 있고 웅덩이만큼 작을 수도 있습니다. 후텁지근한 열대 우림, 외딴 섬, 꽁꽁 얼어붙은 극지방, 그리고 화려한 산호초까지 다양한 지구의 생태계를 알아봅시다!

# 경이로운 생태계
## 읽기 전에 알아두기

**고립** 다른 모든 것으로부터 떨어진 상태.

**관목층** 열대 우림에서 숲바닥의 바로 위층. 햇빛이 잘 닿지 않는다.

**교목층** 열대 우림의 가장 높은 층. 아주 키가 큰 나무들이 자란다.

**극** 지구 자전축이 지표와 만나는 양 끝 두 개의 점. 각각 북극과 남극이라고 한다.

**대륙** 아시아, 북아메리카, 유럽, 아프리카처럼 지구를 덮고 있는 커다란 땅덩어리의 하나.

**맹그로브 숲** 열대의 해안 지역에 분포하는 열대 우림. 맹그로브는 짠 바닷물에서도 살 수 있다.

**비그늘** 산이 비를 머금은 바람을 막기 때문에 비가 거의 오지 않는 지역.

**사구** 해안이나 사막에 바람이 만든 모래 언덕.

**산지 열대 우림** 산에 분포하는 열대 우림의 한 종류.

**산호초** 바다에 사는 작은 동물의 석회질 골격으로 만들어진 암초.

**산호 폴립** 산호는 촉수를 가진 작은 동물들의 집단이다. 모여 있는 하나하나를 폴립이라고 한다.

**생태계** 특정한 지역에서 발견되는 모든 생물과 무생물.

**수관층** 열대 우림에서 두 번째 높은 층. 나무 꼭대기가 지붕처럼 펼쳐진다.

**열대** 적도의 바로 위와 아래의 지역. 기후는 따뜻하거나 무덥고 1년 내내 습하다.

**열대 우림** 비가 많은 세계 여러 곳의 열대 지역에 분포하는 무성한 숲.

**오아시스** 물이 솟고 식물이 자라는 사막의 한 지역.

**자전축** 지구 중심을 지나는 가상의 선. 지구는 자전축을 중심으로 팽이처럼 돈다.

**저지대 열대 우림** 강수량이 많은 적도 주변에 분포하는 열대 우림의 한 종류. 저지대 열대 우림은 해발 1km보다 낮은 지대에 형성된다.

**적도** 지구 둘레를 따라 그은 가상의 선. 북극과 남극으로부터 같은 거리만큼 떨어져 있다.

**포유류** 새끼를 낳고 젖을 먹여 기르는 동물. 사람과 말, 고래는 모두 포유류다.

# 한눈에 보는 지식
## 22 사막

'사막' 하면 아마도 뜨겁게 달구어진 모래가 끝없이 펼쳐진 모습이 떠오를 거예요. 하지만 모든 사막이 모래사막은 아닙니다. 암석 사막도 있고, 자갈 사막도 있습니다. 남극에는 얼음 사막도 있습니다. 모래사막에서는 바람에 날린 모래가 높이 쌓인 언덕인 사구를 볼 수 있는데, 사구의 높이는 수백 m에 이르기도 합니다.

사막은 모두 건조합니다. 어떤 사막은 비가 거의 오지 않는 내륙 깊은 곳에 있습니다. 또 어떤 사막은 산악 지대의 가장자리에 있습니다. 이런 곳은 산 위에는 비가 내려도 산 가장자리에는 비가 잘 내리지 않습니다.

칠레에 있는 아타카마 사막은 안데스산맥의 가장자리에 펼쳐집니다. 이 사막에는 비가 수백 년 동안 내리지 않은 곳도 있습니다.

아프리카의 사하라 사막을 비롯한 수많은 사막은 낮에는 1년 내내 뜨겁습니다. 하지만 북아시아의 고비 사막 같은 곳은 낮이라도 겨울에는 아주 춥습니다. 모든 사막은 밤이 되면 아주 추워집니다.

혹독한 사막에서 사는 동식물들은 사막에서 버틸 수 있는 특별한 능력이 있습니다. 낙타는 물을 마시지 않아도 며칠을 살 수 있으며, 먹이를 먹지 않아도 몇 주를 살 수 있습니다. 낙타는 혹에 저장된 지방을 영양분으로 바꾸고, 마른 배설물을 내보내면서 몸 안에 있는 물을 아낄 수 있기 때문입니다.

### 바람이 불면 사구는 어떻게 될까요?

**준비물** 넓고 깊은 네모난 쟁반, 모래, 야외 공간(주변이 지저분해질 수 있어요!)

**실험 방법**

① 쟁반에 모래 한 움큼을 쏟고 여러 가지 모양으로 쌓습니다.

② 쟁반 가장자리 높이에 맞추어 입을 대고 사구를 향해 부드럽게 바람을 붑니다.

⇢ 사구의 한쪽 경사면 위로 날린 모래가 반대쪽 경사면 아래로 떨어지는 모습을 볼 수 있을 것입니다.

### 한줄요약

사막은 비가 거의 오지 않는 지역입니다.

모래사막에서 사구의 모양은
바람에 따라 달라진다.
사막의 동식물은 혹독한 환경에
적응하며 살아간다.

**초승달 사구**
초승달 모양을 한 사구

**별 사구**
별 모양을 한 사구

사막 아카시아나무

**종 사구**
바람의 방향과 같은 방향에
생긴 길고 좁은 사구

낙타

**횡사구**
바람이 불어오는 비탈은 완만하고
그 반대편은 경사가 급한, 바람의 방향과
직각으로 뻗어 나가는 사구

오아시스는 사막 가운데에
샘이 솟고 풀과 나무가 자라는
곳이다.

사막왕도마뱀

사막독사

## 한눈에 보는 지식
## 23 열대 우림

적도 주변의 열대 기후 지역에는 열대 우림이 무성하게 자랍니다. 이곳의 기후는 무덥고 습하며 거의 매일 비가 퍼붓습니다. 세계 식물 종의 3분의 2 이상이 열대 우림에서 발견됩니다.

**열대 우림에는 아마존 같은 저지대 열대 우림, 산비탈에서 자라는 산지 열대 우림, 해안을 따라 자라는 맹그로브 숲이 있습니다.**

세계에서 가장 넓은 열대 우림은 아마존 열대 우림으로, 남아메리카 아마존강의 강둑을 따라 펼쳐집니다. 아마존 열대 우림은 인도 땅보다 두 배나 넓습니다.

축구장 크기의 열대 우림에 사는 식물과 동물만 해도 수백 종이나 됩니다. 가장 흔한 동물은 곤충이지만 수백 종의 새와 영장류, 파충류, 거미류와 개구리 등도 살고 있습니다.

### 열대 우림의 식물

열대 우림에서 자라는 식물로부터 우리는 필요한 물질과 식량을 많이 얻습니다.

- 고무나무의 수액인 라텍스는 고무 제품의 원료입니다. 타이어도 고무로 만듭니다.
- 브라질너트와 캐슈너트, 커피, 망고, 바나나 같은 식품을 얻습니다.
- 가구를 만드는 데 쓰이는 대나무와 등나무를 얻습니다.
- 초콜릿을 만드는 코코아와 아이스크림을 만들 때 넣는 바닐라 등은 사람들이 좋아하는 간식의 재료입니다.

**한줄요약**
열대 우림은 아주 무덥고 비가 많이 내립니다.

# 한눈에 보는 지식
## 24 극지방

지구의 극은 자전축의 양쪽 끝에 있습니다. 자전축은 북극에서 지구 중심을 거쳐 남극까지 이어진 가상의 선입니다.

북극과 남극은 얼음으로 덮여 있으며 매섭게 춥습니다. 북극은 1년 내내 꽁꽁 얼어붙어 있는 북극해의 한가운데 있습니다. 북극을 덮고 있는 얼음의 넓이는 겨울에는 늘어나고, 여름에는 줄어듭니다. 남극은 두꺼운 얼음판에 덮여 있는 남극 대륙에 있습니다.

**극지방은 1년 내내 춥지만 특히 겨울은 혹독할 정도로 춥습니다. 남극의 기온은 영하 60도까지 떨어지기도 합니다. 한겨울에는 태양이 떠오르지도 않습니다. 짤막한 한여름 동안은 태양이 지지 않습니다.**

북극곰이나 펭귄, 바다표범 같은 동물들은 꽁꽁 얼어붙은 극지방 환경에 적응하며 살아갑니다. 극지방에 사는 동물들은 두터운 모피나 깃털, 지방층으로 몸을 감싸 추위를 막습니다.

**한줄요약**
북극과 남극은 늘 춥습니다.

### 물 위에 떠 있는 빙산, 물 아래 있는 빙산

물이 든 유리컵 속에 얼음 조각을 넣어 물 위를 둥둥 떠다니는 빙산의 실제 크기를 알아봅시다.

**준비물** 유리컵, 얼음 조각, 자, 물

**실험 방법**
① 유리컵에 물을 반쯤 채우고, 얼음 조각 하나를 넣습니다.
② 물을 아주 천천히 부어 유리컵 가장자리까지 채웁니다.
③ 얼음 조각이 수면 위로 몇 mm 나와 있는지, 또 수면 아래로 몇 mm 잠겼는지 자로 재 보세요.
→ 수면 아래로 잠긴 얼음 조각 부분이 수면 위로 나온 부분의 약 9배인지 확인해 보세요.

북극에는 북극곰, 순록, 북극여우를 비롯해 몇몇 포유류가 산다.

북극의 빙상에는 풀과 나무가 없지만 북극해 주변 육지에는 추위에 강한 풀과 나무가 자란다.

북극점
북극

북극과 남극에서 사는 식물과 동물의 종은 아주 적다.

남극  남극점

남극에는 바다 포유류와 펭귄이 살고 있다. 그러나 남극을 연구하는 사람들 말고는 남극에 사는 육지 포유류는 없다.

75

## 한눈에 보는 지식
## 25 섬

섬은 사방이 바다로 둘러싸인 육지입니다. 폭이 몇 m밖에 안 되는 작은 산호섬도 있고, 폭이 수천 km에 이르는 큰 대륙 섬도 있습니다. 평평하고 낮은 섬도 있고, 산이 높이 솟아 있는 섬도 있습니다.

**섬의 기후는 아주 다양합니다. 열대 지방의 섬은 무덥고 습하며 극지방에 가까운 섬일수록 춥고 습합니다. 바다에서 부는 바람을 피할 수 없기 때문에 바람이 심하게 부는 섬도 많습니다.**

세계에서 가장 큰 섬은 북극의 그린란드입니다. 이 섬의 4분의 3은 두꺼운 얼음덩어리에 덮여 있으며, 대부분의 주민은 그나마 따뜻한 해안 지역에 모여 삽니다.

다른 지역에서 발견되지 않는 동식물이 사는 섬도 많습니다. 특히 홀로 떨어져 있는 섬에서는 야생 생물들이 독특하게 진화합니다. 남아메리카 서쪽 해안에서 멀리 떨어진 갈라파고스 제도에 사는 동물들도 그렇습니다. 19개의 섬으로 이루어진 갈라파고스 제도는 몸길이가 1.5m나 되는 갈라파고스땅거북의 보금자리로 유명합니다. 갈라파고스땅거북은 나뭇잎을 먹을 수 있도록 목이 길게 진화했습니다.

### 둥둥 떠다니는 씨

씨가 둥둥 떠서 섬에 도달하면 그곳에 뿌리를 내리고 자랍니다.
**준비물** 큰 그릇, 물, 콩·완두·사과 씨·해바라기 씨 등과 같은 열매나 씨
**실험 방법**
① 큰 그릇에 물을 담습니다.
② 씨와 열매를 하나씩 물에 띄워 보세요.
③ 어떤 씨나 열매가 물에 뜨는지, 가라앉는지 관찰해 보세요.
→ 씨를 가능하면 물에 오랫동안 띄우면서 어떤 씨가 가라앉지 않고 섬에 도착할 수 있는지 알아보세요.

**한줄요약**
섬은 사방이 바다로 둘러싸인 육지입니다.

## 한눈에 보는 지식
## 26 산호초

맑고 반짝이는 바닷물 속에 나뭇가지, 부채, 미로 모양의 산호초가 보입니다. 색깔이 화려한 물고기들이 그 사이를 쏜살같이 헤엄쳐 다닙니다.

**산호초는 모든 바닷물고기, 해면, 불가사리, 게의 3분의 2가 살아가는 아주 다양한 바다 동물의 보금자리입니다.**

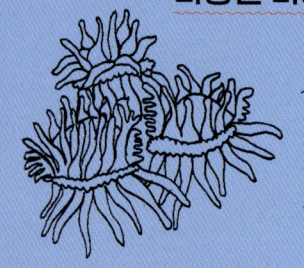

산호는 폴립이라고 불리는 수많은 작은 생물이 모여 이루어진 생명체입니다. 폴립의 부드럽고 약한 몸은 단단한 석회질 골격에 싸여 보호를 받습니다. 폴립이 죽으면 몸은 썩지만 단단한 골격은 남습니다.

폴립이 죽고 남은 골격 위에는 새로운 폴립이 자리 잡습니다. 그 뒤 오랜 세월이 흐르면서 산호의 골격은 살아 있는 산호를 짊어진 채 특이한 모양으로 커갑니다. 수백 수천 년 동안 각각의 산호는 이어져 기다란 산호초가 만들어집니다.

산호는 따뜻하고 얕은 바다에서 잘 자랍니다. 그래서 산호초는 열대 지방의 해안이나 섬 둘레에서 많이 볼 수 있습니다.

'대보초'라고도 불리는 오스트레일리아의 그레이트배리어리프는 세계에서 가장 큰 산호초입니다. 면적은 약 350,000km$^2$로 축구장 7천만 개의 크기와 비슷합니다!

**한줄요약**
산호초는 살아 있는 동물이 만듭니다.

### 우주에서 본 그레이트배리어리프
**준비물** 인터넷이 연결된 컴퓨터(또는 태블릿이나 스마트폰)
**실험 방법**
① 인터넷 검색 화면 창을 엽니다.
② 검색창에 '오스트레일리아 위성 사진'을 입력한 후에 북동쪽 해안으로 이동합니다.
→ 해안을 따라 늘어선 그레이트배리어리프를 찾아보세요.

# 지구의 미래

미래에 지구는 어떤 모습일까요? 아무도 정확하게 모르지만 한 가지는 확실합니다. 지구는 매우 빠르게 바뀌고 있다는 것입니다. 전 세계에 걸쳐 날씨는 점점 거칠어지고 있으며, 소중한 생태계는 파괴되고 있습니다.

지구에서 일어나는 대부분의 변화는 사람 때문에 일어납니다. 지구에 무슨 일이 일어나고 있는지, 또 지구를 구하려면 어떻게 해야 하는지 알아봅시다.

# 지구의 미래
## 읽기 전에 알아두기

**가뭄** 오랫동안 비가 거의 내리지 않아 메마른 날씨가 지속되는 기간.

**기후** 특정한 지역의 일정한 날씨 상태 또는 평균 날씨.

**대기권** 지구를 둘러싸고 있는 공기의 층.

**매립지** 쓰레기를 땅속에 묻은 지역.

**멸종** 식물이나 동물이 모두 사라져 더 이상 존재하지 않는 일.

**산호초** 바다에 사는 작은 동물의 석회질 골격으로 만들어진 암초.

**생태계** 어떤 장소에서 발견되는 모든 생물과 무생물.

**열대 우림** 비가 많은 세계 여러 곳의 열대 지역에서 자라는 울창한 숲.

**오염** 땅, 대기, 물에 해로운 물질이 늘어나는 일.

**온도 조절 장치** 냉난방 기기나 주방 기기의 스위치를 켜거나 끄면서 온도를 조절하는 장치.

**온실 효과** 이산화탄소 같은 기체가 지구에서 빠져나가는 열을 붙들어 기온이 따뜻하게 유지되는 현상.

**이산화탄소** 사람이나 동물이 날숨으로 내뱉는 기체. 탄소가 탈 때에도 만들어진다.

**자원** 우리가 살아가는 데 필요한 여러 가지 물질이나 물품.

**재활용** 폐기물을 가공하여 다시 쓰는 일.

**종** 서로 비슷해서 자손을 퍼뜨릴 수 있는 동물이나 식물의 무리.

**지구 온난화** 이산화탄소 같은 몇몇 기체가 늘어나면서 지구의 기온이 점점 높아지는 현상.

**침식** 바람이나 비 같은 자연 활동으로 암석 표면이 조금씩 깎이거나 부서지는 과정.

**태양광 발전** 햇빛의 에너지를 전기 에너지로 바꾸는 시설.

**풍력 발전** 바람의 에너지를 전기 에너지로 바꾸는 시설.

## 한눈에 보는 지식
## 27 기후 변화

기후가 오랜 기간에 걸쳐 바뀌고 있다는 것을 알고 있나요? 과학자들은 현재의 기후 변화 속도가 지난 만 년 동안 일어났던 그 어떤 변화보다 빠르다고 말합니다.

**기후는 자연스럽게 바뀌기도 합니다. 하지만 기상학자들은 현재의 기후는 인간의 활동 때문에 더 빠르게 바뀌고 있다고 입을 모으고 있습니다.**

그 이유를 알아보려면 대기권으로 눈을 돌려야 합니다. 대기권에 쌓여 있는 이산화탄소 같은 기체는 지구 밖으로 열이 빠져나가지 못하도록 막습니다. 이것을 온실 효과라고 하는데, 온실 효과 덕분에 지구는 따뜻하게 유지됩니다.

석탄이나 석유, 가스를 태우는 등의 인간 활동을 통해 매일 이산화탄소가 배출됩니다. 배출된 이산화탄소는 대기에 쌓입니다. 이산화탄소가 열을 붙들면서 지구는 더 따뜻해집니다. 과학자들은 이런 현상을 지구 온난화라고 부릅니다. 이로 인한 급격한 기후 변화로 태풍과 홍수, 가뭄이 더 잦아집니다.

발전소나 자동차에 쓰이는 연료를 덜 쓰고, 이산화탄소 배출을 줄이는 연료를 개발하면 지구 온난화를 막을 수 있습니다. 나무는 이산화탄소를 흡수합니다. 나무를 베지 않고 새로 나무를 심는 것도 우리 행성을 살리는 길입니다.

### 한줄요약
기후 변화는 지구의 평균 기온이 바뀌는 것입니다.

### 에너지 비용 줄이기

집에서도 쉽게 에너지 비용을 줄일 수 있습니다. 겨울철에 보일러 온도 조절 장치를 적정 온도인 18도에서 20도 사이로 맞춥니다. 집안을 따뜻하게 하기 위해 사용되는 도시가스나, 석유 등을 줄임으로써 에너지 비용을 줄일 수 있습니다. 그뿐 아니라 대기권으로 배출되는 온실 기체인 이산화탄소도 줄일 수 있습니다.

햇볕이 지구를 데운다.

대기권에 쌓인 열의 일부는 우주 공간으로 빠져나간다.

지구 온난화는 온실 기체가 지구에서 빠져나가는 열을 막기 때문에 일어난다.

이산화탄소 같은 기체들이 대기권에 쌓인다.

이런 기체들 때문에 열이 잘 빠져나가지 못한다.

석탄이나 석유, 가스와 숲을 태울 때마다 이산화탄소의 농도가 짙어진다.

석탄 화력 발전소

나무를 심고 풍력 발전소와 태양광 발전소를 지으면 지구 온난화를 막을 수 있다.

태양광 발전소

풍력 발전소

나무 심기

## 한눈에 보는 지식
## 28 쓰레기 전쟁

전 세계에서 해마다 5,000억 개 이상의 비닐봉지가 사용됩니다. 한 사람이 약 70개가 넘는 비닐봉지를 쓰는 셈입니다. 그런데 비닐봉지는 한 번 쓰고 버려집니다! 그 밖에도 엄청난 양의 플라스틱 병과 금속 캔, 종이가 버려지고 있습니다.

**대부분의 쓰레기는 태워지거나 땅에 묻힙니다. 쓰레기를 묻는 곳을 쓰레기 매립지라고 합니다. 쓰레기 중에는 완전히 썩는 데 수천 년이 걸리는 것도 있습니다. 그래서 쓰레기 매립지로 적당한 곳이 빠르게 줄어들고 있습니다.**

쓰레기를 가공하여 재활용하거나 깨끗이 씻어서 재사용하면 자원도 적게 쓰고, 쓰레기의 양도 줄어듭니다. 음료를 담는 페트병 등은 재활용하기 전에 재사용할 수 있습니다.

캔을 재활용하면 에너지를 줄일 수 있습니다. 다 쓴 알루미늄 캔을 재활용할 때 사용되는 에너지는 캔을 새로 만들 때의 20분의 1밖에 안 됩니다. 재활용 폴리에틸렌으로 비닐봉지 하나를 만들 때 쓰는 물의 양은 비닐봉지 하나를 새로 만들 때의 8분의 1밖에 안 됩니다. 재활용품을 사는 것도 쓰레기를 줄이는 데 도움을 줍니다.

### 페트병 화분 만들기

**준비물** 깨끗한 2L 짜리 페트병, 자갈 한 줌, 화분용 배양토, 식물 씨 조금, 가위, 도와줄 어른 1명

**실험 방법**
① 어른에게 페트병을 바닥에서 3분의 1쯤 높이로 잘라 달라고 부탁하세요.
② 페트병 바닥에 2cm 높이로 자갈을 깝니다.
③ 그 위에 배양토를 5cm쯤 덮습니다.
④ 배양토에 씨를 심고 물을 줍니다.
⑤ 페트병의 가장자리를 수직으로 2cm쯤 잘라 4개의 날개를 만듭니다.
⑥ 페트병의 윗부분을 날개에 끼워 고정합니다.
⑦ 페트병 화분을 햇볕이 잘 드는 창턱에 올려놓습니다.
⋯ 씨가 싹트는 모습을 관찰해 보세요!

**한줄요약**
쓰레기는 환경을 오염시킵니다.

종이와 유리, 플라스틱, 알루미늄은 모두 재활용하여 새로운 물건을 만들 수 있다.

음료수 팩
포장지
퍼즐 조각

장난감
신발
티셔츠

병
유리구슬

자동차 부품
우산
의자

종이
유리
플라스틱
알루미늄 캔

## 한눈에 보는 지식
## 29 사라지는 서식지

전 세계에서 사람들이 야생 생물들의 서식지를 파괴하면서 식물과 동물을 위험에 빠뜨리고 있습니다. 사람들은 집을 짓거나 공장과 농장을 세우기 위해 야생 생물의 서식지를 밀어 버리고 있습니다. 이뿐만 아니라 강과 바다도 오염시키고 있습니다.

**서식지가 파괴되면 식물과 동물은 새로운 환경에 적응하거나 다른 서식지를 찾아야 합니다. 아니면 죽을 수밖에 없습니다.**

특히 열대 우림 서식지는 큰 위험에 처해 있습니다. 축구장 크기의 열대 우림이 1초에 하나씩 사라지고 있습니다. 사람들은 목재를 얻으려고 나무를 벱니다. 또 광산을 개발하고, 농장을 만들려고 숲을 밀어 버립니다. 그 결과 열대 우림의 수많은 식물과 동물이 사라지고 있습니다. 이뿐만이 아닙니다. 열대 우림 지역에서 사는 사람들의 생활 터전도 파괴되고 있습니다.

바닷물이 오염되고, 아름답고 귀한 산호와 조개를 사람들이 마구 가져가면서 산호초가 사라질 위기에 처해 있습니다. 약 4분의 1에 해당하는 산호초가 이미 사라졌으며, 나머지 산호도 아주 위험합니다.

### 한줄요약
세계 여러 곳에서 생물 서식지가 파괴되고 있습니다.

### 멸종 위기
많은 식물과 동물이 이미 멸종되었으며, 더 많은 식물과 동물이 멸종 직전에 처해 있습니다. 열대에 사는 다음 동물들은 멸종되었습니까? 아니면 멸종 위기에 처해 있습니까?

**동물 목록**

| | | |
|---|---|---|
| 오랑우탄 | 수마트라코뿔소 | 말레이곰 |
| 거미원숭이 | 나무타기캥거루 | |

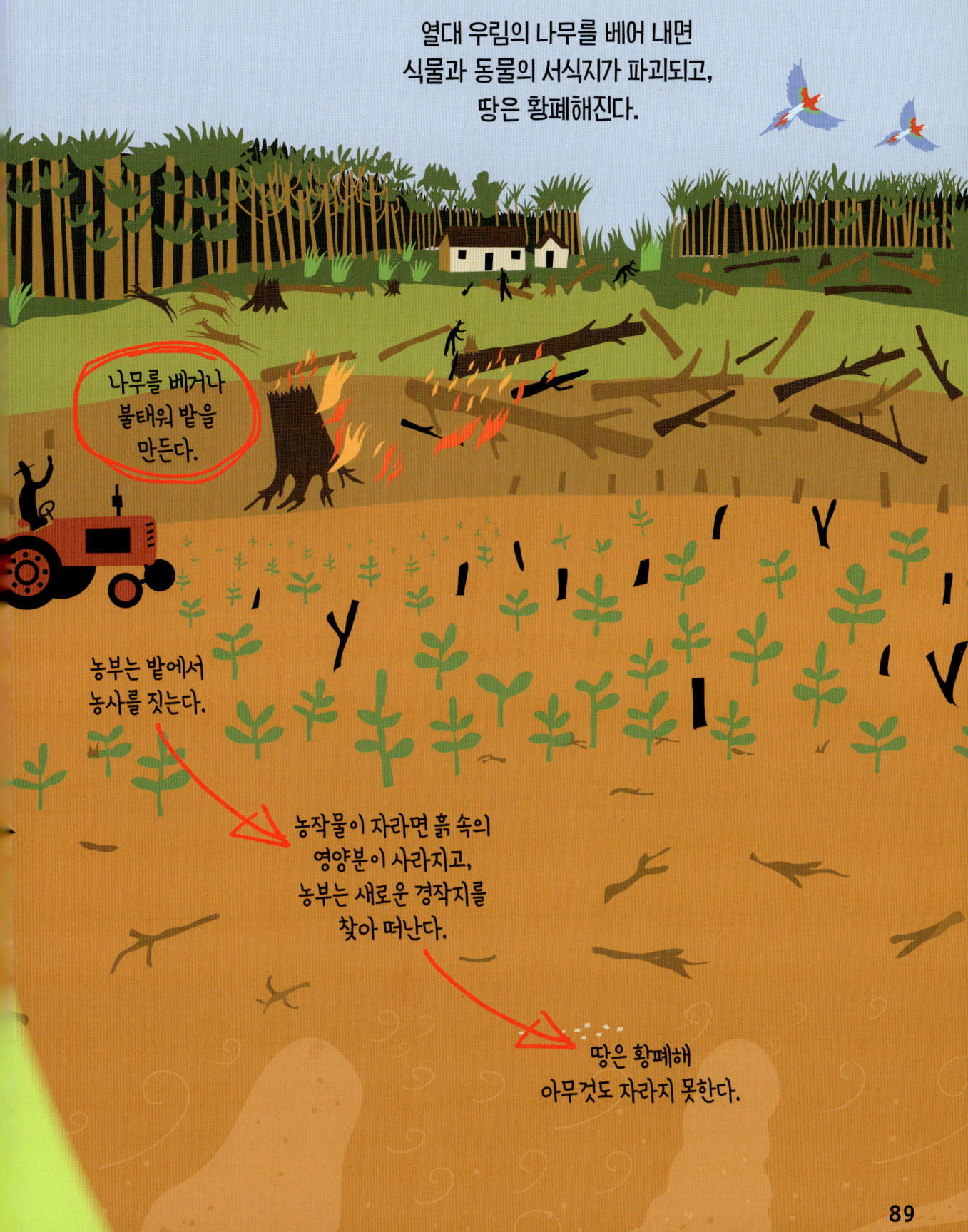

# 한눈에 보는 지식
## 30 지구를 구하자!

다음은 지구를 구하기 위해 우리가 할 수 있는 것들입니다. 우리 함께 실천해 봅시다.

- 환경 보호 모임에 가입하거나 환경 보호를 위한 활동 목표를 정합니다. 주변 사람들에게도 지구 환경보호에 대해 알립니다.

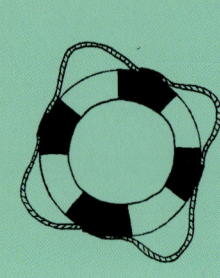

- 가까운 거리는 걸어가거나 자전거를 탑니다. 자가용 대신 버스나 지하철 등의 대중교통을 이용하면 에너지를 아낄 수 있다고 친구나 가족에게 말합니다.

- 방에서 나갈 때에는 꼭 전등 스위치를 끄고, 샤워 시간을 줄입시다. 소중한 에너지는 물론 돈도 아낄 수 있습니다!

- 집 안에서 쓰는 물건들은 가능한 여러 번 재사용합니다. 플라스틱 병, 판지, 헌 종이는 공예 작품 만들 때 쓰면 좋습니다. 더 이상 쓸 수 없는 물건은 꼭 재활용 분리 수거함에 넣습니다.

- 친구들과 함께 환경 단체에 기부를 합니다.

**한줄요약**
여러 가지 방법으로 지구를 구하는데 힘을 보탤 수 있습니다.

### 지구를 구하는 3R 운동

절약(Reduce), 재사용(Reuse), 재활용(Recycle)의 영문 앞 글자를 딴 3R 운동을 잊지 맙시다.

**절약** 걷기나 대중교통을 이용하면 에너지를 아낄 수 있습니다.

**재사용** 옷이나 장난감은 그냥 버리지 말고 재활용 가게에 판매하거나 기부합니다.

**재활용** 유리병과 헌 종이, 캔은 재활용 분리 수거함에 넣습니다.

## 지식 플러스
### 지구상에서 최고

### 지구상에서 가장 높은 산 에베레스트산

에베레스트산은 인도 북동쪽, 네팔과 중국의 티베트 국경 부근의 히말라야산맥에 솟아 있는 해발(바다 평균 수면을 기준으로 한 높이) 8,848m의 봉우리로, 세계 최고봉이다. 지각의 이동 때문에 에베레스트산은 1년에 5cm씩 높아진다고도 한다.
에베레스트산을 등반하고자 하는 산악인들은 많지만, 에베레스트산의 날씨와 상황이 순식간에 변화하기 때문에 아무리 노련한 등산가라도 등반하기가 쉽지 않다.

### 지구상에서 가장 깊은 바다 마리아나 해구

세계에서 '가장 깊은 바다'인 마리아나 해구는 태평양 북마리아나 제도의 동쪽에서 남북 방향 2,550km의 길이로 뻗어 있으며 일본 근처의 마리아나 제도 동쪽에 있다.
마리아나 해구 중에서도 가장 깊은 부분인 챌린저 심연의 깊이는 11,033m에 달한다. 이는 해발 8,848m인 높이의 에베레스트산을 바닥에 넣었을 때, 에베레스트가 물에 완전히 잠기고도 남을 정도로 깊다.

## 지구상에서 가장 더운 곳 루트 사막

이란의 루트 사막은 2005년에 무려 기온이 70.72도까지 올라갔다고 한다. 기온이 너무 높아서 박테리아조차 살 수 없을 정도이다. 루트 사막 지역이 가장 더운 지역으로 알려진 것은 최근인데, 기상대를 설치하기에 너무 외딴 지역이었기 때문이다. 인공위성의 도움으로 기상대가 없어도 온도를 잴 수 있게 되자 가장 더운 지역이라는 것이 밝혀졌다.

루트 사막이 더운 이유는 건조하고 지표면이 어두운 색이라 태양열을 잘 흡수하여 온도가 쉽게 올라가기 때문이다.

## 지구상에서 가장 추운 곳 남극 대륙

미국 우주 항공국(NASA)이 위성으로 측정한 데이터에 따르면 $1km^2$의 평균 온도가 가장 낮은 곳은 남극 대륙 동쪽이다. 2010년 8월에 최저 기온이 섭씨 영하 94.7℃로 기록됐다. 영하 94.7도는 인간이 살 수 없는 온도로 피부는 물론 폐까지 노출되자마자 순식간에 얼어붙게 된다.

남극 대륙은 98%가 얼음으로 덮여 있는데, 영하 89.6도까지 내려가는 날씨 때문에 '영원한 겨울의 땅'이라고 부르기도 한다.

## 지식 플러스
### 지구상에서 최고

#### 지구상에서 가장 큰 폭포 이구아수 폭포

아르헨티나와 브라질의 국경 지역에 있으며, 이구아수라는 폭포의 이름 자체도 '거대한 물'을 의미하는 과라니어에서 유래했다. 높이는 82m고, 너비는 북아메리카에 있는 나이아가라 폭포의 4배인 4km다. 낙차 지점에 있는 절벽 가장자리의 숲으로 뒤덮인 바위섬들 때문에 높이 60~82m 정도 되는 275개의 크고 작은 폭포들로 형성되어 있다.
아프리카 짐바브웨의 빅토리아 폭포, 미국과 캐나다 국경의 나이아가라 폭포를 포함해서 세계 3대 폭포로 불린다.

#### 지구상에서 가장 긴 강 나일강

나일강은 아프리카의 북동쪽에 있는 세계에서 제일 긴 강으로 알려져 있다. 수단과 이집트 등의 사막 지대에 물을 공급하는 강으로, 길이는 6,690km이며, 유역 면적은 약 3,007,000km²에 이른다. 적도 남쪽에서 시작하여 아프리카 동부를 북쪽으로 흘러 지중해로 들어간다. 이집트·르완다·우간다·수단·자이르 등의 국가를 흐른다. 하류의 평야는 정기적으로 되풀이되는 홍수가 기름진 흙을 날라다 주어 농사가 잘된다. 하류는 고대 이집트 문명의 발상지로 유적이 많다.

## 지구상에서 가장 비가 많이 오는 곳 인도 모신람

총 강수량으로 따지면, 지구상에서 가장 비가 많이 오는 곳은 인도 메갈라야주의 모신람이다. 이 지역은 계절풍의 영향으로 여름에 장대비가 쏟아진다. 연평균 강수량이 11,880mm에 달한다. 근처에 자리한 메갈라야주의 체라푼지도 연평균 11,700mm의 비가 내린다. 강수량은 해마다 달라지기 때문에 가장 비가 많이 오는 지역이 바뀌기도 한다.

## 지구상에서 가장 건조한 곳 아타카마 사막

지구상에서 가장 건조한 곳은 칠레의 아타카마 사막이다. 안데스산맥의 가장자리에 있는 이 사막에는 수백 년 동안 비가 내리지 않은 곳도 있다. 기상학자들은 해안을 따라 흐르는 훔볼트 해류가 아타카마 사막으로 가는 비구름을 막아 버려서 비가 오지 않는다고 한다.

초등학생을 위한 지식습관❶
# 지구30

글 | 애니타 개너리   그림 | 멜빈 에반스
옮김 | 정창훈   감수 | 이정모

1판 1쇄 인쇄 | 2022년 4월 15일
1판 1쇄 발행 | 2022년 5월 16일

펴낸이 | 김영곤
이사 | 은지영
영상사업1팀 | 김종민 윤규리
아동마케팅영업본부장 | 변유경
아동마케팅팀 | 김영남 원정아 이규림 고아라 이해림 최예슬 황혜선
아동영업1팀 | 이도경 오다은 김소연   아동영업2팀 | 한충희 오은희
편집 | 꿈틀 이정아 이정화   북디자인 | design S 손성희   제작 관리 | 이영민 권경민

펴낸곳 | (주)북이십일 아울북
등록번호 | 제406-2003-061호   등록일자 | 2000년 5월 6일
주소 | 경기도 파주시 회동길 201(문발동) (우 10881)
전화 | 031-955-2128(기획개발), 031-955-2100(마케팅·영업·독자문의)
팩시밀리 | 031-955-2421
브랜드 사업 문의 | license21@book21.co.kr
이미지 | 셔터스톡 92, 93, 94, 95

ISBN 978-89-509-0002-1 74370
ISBN 978-89-509-0007-6 74370(세트)

**Earth in 30 Seconds**
Text: Anita Ganeri, Illustrations: Melvyn Evans, Consultation: Dr Cherith Moses
Copyright © 2014 Quarto Publishing plc
First published in the UK in 2014 by Ivy Kids, an imprint of The Quarto Group.
All rights reserved.

Korean translation © 2022, Book21
This edition is published by arrangement with Quarto Publishing plc through KidsMind Agency, Korea.
이 책의 한국어판 저작권은 키즈마인드 에이전시를 통해 Quarto Publishing plc와 독점 계약한 북이십일에 있습니다.
신 저작권법에 의해 한국 내에서 보호를 받는 저작물이므로 무단전재와 복제를 금합니다.

· 잘못 만들어진 책은 **구입하신 서점**에서 교환해 드립니다.

· 제조자명 : (주)북이십일
· 주소 및 전화번호 : 경기도 파주시 회동길 201(문발동) / 031-955-2100
· 제조연월 : 2022. 5. 16
· 제조국명 : 대한민국
· 사용연령 : 3세 이상 어린이 제품